Perl 5

kurz & gut

2. Auflage

Johan Vromans

Deutsche Übersetzung
von Peter Klicman

O'REILLY™

Cambridge · Köln · Paris · Sebastopol · Tokyo

Kommentare und Fragen können Sie gerne an uns richten:
O'Reilly Verlag
Balthasarstr. 81
50670 Köln
Tel.: 0221/9731600
Fax: 0221/97316015
E-Mail: kommentar@oreilly.de

1. Auflage 1996
2. Auflage 1999

Die Originalausgabe erschien 1998 unter dem Titel
Perl 5 Pocket Reference, 2nd ed. im Verlag O'Reilly & Associates, Inc.

Die Deutsche Bibliothek - CIP - Einheitsaufnahme

Vromans, Johan:
Perl 5: kurz & gut / Johan Vromans. Übers. aus dem Amerikan. von
Peter Klicman. – 2. Aufl. – Köln : O'Reilly, 1999
O'Reillys Taschenbibliothek
Einheitssacht. Perl 5 Pocket Reference
ISBN 3-89721-201-3

Übersetzung: Peter Klicman, Köln
Korrektorat: Friederike Daenecke, Eike Grote, Matthias Rempe
Lektorat: Michael Gerth & Boris Karnikowski, Köln
Satz: Stefan Göbel, Reemers EDV-Satz, Krefeld
Umschlaggestaltung: Edie Freedman & Hanna Dyer, Boston
Produktion: TYP*isch* Müller, München
Belichtung, Druck und buchbinderische Verarbeitung: Freiburger Graphische Betriebe

ISBN 3-89721-201-3

Dieses Buch ist auf 100% chlorfrei gebleichtem Papier gedruckt.

Inhalt

Perl 5 kurz & gut

Einführung

Perl 5 – kurz & gut ist als kleines Nachschlagewerk für das von Larry Wall entwickelte Perl gedacht. Es enthält eine Beschreibung aller Anweisungen, Funktionen und Variablen sowie viele nützliche Informationen. Diese Ausgabe basiert auf der Perl-Version 5.005.

Dieses Büchlein soll Perl-Benutzer dabei unterstützen, die Syntax bestimmter Funktionen und Anweisungen sowie die Bedeutung fest integrierter Variablen schnell aufzufinden. Es handelt sich *nicht* um ein eigenständiges Benutzerhandbuch. Elementare Kenntnisse der Sprache Perl werden vorausgesetzt. Diese Kurzreferenz ist auch *nicht* vollständig. Einige der etwas obskureren Perl-Konstrukte wurden nicht berücksichtigt. Aber alle Funktionen und Variablen werden mit mindestens einer möglichen Anwendung genannt. Weitere Informationen zu Perl finden Sie auf der Perl-Website *http://www.perl.com*.

Konventionen

dies	steht für wörtlich einzugebenden Text.
dies	bezeichnet variablen, einzugebenden Text.
dies†	bedeutet, daß *dies* standardmäßig durch **$_** ersetzt wird, wenn für *dies* nichts eingegeben wird.
wort	ist ein Schlüsselwort, d. h. ein Wort mit einer besonderen Bedeutung.
[...]	bezeichnet einen optionalen Teil.

Kommandozeilen-Optionen

–a Aktiviert den Autosplit-Modus, wenn sie zusammen mit **–n** oder **–p** verwendet wird. Ergebnis steht in **@F**.

–c Prüft die Syntax, führt aber das Programm nicht aus. **BEGIN**- und **END**-Blöcke werden ausgeführt.

–d[:*modul*]
Führt das Skript unter dem angegebenen Modul aus. Standardmodul ist der Debugger. Verwenden Sie **–de 0**, um den Debugger ohne ein Skript zu starten.

–D*flags* Setzt Debugging-Flags.

–e *kommandozeile*
Kann verwendet werden, um eine einzelne Skriptzeile zu übergeben. Mehrere **–e**-Befehle können angegeben werden, um ein mehrzeiliges Skript aufzubauen.

–F*regex* Legt einen regulären Ausdruck (»regular expression« oder »regex«) fest, auf dem das Splitting basiert, wenn **–a** aktiv ist.

–h Gibt eine Zusammenfassung der Aufrufoptionen aus.

–i*erweiterung*
Über das Konstrukt **< >** verarbeitete Dateien werden direkt (an Ort und Stelle) editiert.

–I*dir* Das Verzeichnis wird dem Suchpfad für Perl-Module (@INC) vorangestellt. In Verbindung mit **–P** teilen Sie dem C-Präprozessor auch mit, wo nach Include-Dateien zu suchen ist.

–l[*Oktalzahl*]
(Buchstabe l) Aktiviert die automatische Zeilenende-Verarbeitung, z.B. **–l013**.

–m*modul*
Importiert das *modul* vor der Ausführung des Skripts. Dem *modul* können ein Gleichheitszeichen und eine durch Kommata getrennte Liste von Elementen folgen.

–M*modul*
Wie **–m**, aber etwas trickreicher.

-n Legt eine Eingabeschleife um Ihr Skript. Zeilen werden nicht ausgegeben.

-p Legt eine Eingabeschleife um Ihr Skript. Zeilen werden ausgegeben.

-P Bearbeitet das Skript mit dem C-Präprozessor, bevor es von Perl kompiliert wird.

-s Interpretiert **-xxx** in der Kommandozeile als einen Switch und setzt die entsprechende Variable **$xxx** im Skript.

-S Nutzt die Umgebungsvariable **PATH**, um nach dem Skript zu suchen.

-T Aktiviert das Taint-Checking.

-u Veraltet. Erzeugt nach der Kompilierung des Skripts ein Coredump, das dann mit dem Programm *undump*(1) (so vorhanden) weiterverarbeitet werden kann.

-U Erlaubt Perl die Durchführung unsicherer Operationen.

-v Gibt die Version und den Patchlevel Ihres Perl-Interpreters aus.

-V [*:var*]
Gibt die Perl-Konfigurationsinformationen, wie zum Beispiel **-V:man.dir**, aus.

-w Gibt Warnungen zu möglichen Schreibfehlern und anderen fehleranfälligen Konstrukten im Skript aus.

-x [*dir*] Extrahiert das Skript aus dem Eingabe-Stream. Wird *dir* angegeben, wechselt Perl zuerst in dieses Verzeichnis, bevor es das Skript ausführt.

-0[*wert*](Zahl 0) Legt einen Anfangswert für den Record-Separator **$/** fest. Siehe auch **-l**.

Syntax

Perl ist eine Programmiersprache mit einem freien Format. Das bedeutet, daß es im allgemeinen keine Rolle spielt, wie Ihre Zeilen aussehen und welche Einrückungen Sie für das Perl-Programm verwenden.

Die Ausnahme von dieser Regel ist das Vorkommen eines Doppelkreuzes (#) in der Eingabe. Trifft der Perl-Compiler auf ein #, werden dieses Zeichen und der bis zum Zeilenende folgende Text entfernt. Auf diese Weise können Sie Perl-Programme mit Kommentaren versehen. Echte Programmierer tragen viele nützliche Kommentare in ihre Programme ein.

Es gibt Stellen, an denen Whitespaces eine Rolle spielen: innerhalb literalen Textes, in Mustern und bei Formaten.

Entdeckt der Perl-Compiler das spezielle Token **__END__**, enfernt er dieses Symbol und beendet das Lesen der Eingabe. Alles, was auf dieses Token folgt, wird vom Perl-Compiler ignoriert, kann vom Programm während der Ausführung aber gelesen werden.

Erwartet Perl eine neue Anweisung und entdeckt es dabei eine mit = beginnende Zeile, überspringt es alle Eingaben bis einschließlich der Zeile, die mit **=cut** beginnt. Auf diese Weise kann Programmdokumentation eingebettet werden.

Eingebettete Dokumentation

Es existieren Tools, mit denen eingebettete Dokumentation extrahiert und in unterschiedliche Formate wie troff, LaTeX und HTML umgewandelt werden kann. Die folgenden Befehle können genutzt werden, um die eingebettete Dokumentation zu steuern:

=back Siehe **=over**.

=begin *FMT*
: Der nachfolgende Text bis zum zugehörigen **=end** wird nur bei Aufbereitung für den Formatierer *FMT* eingefügt.

=cut Beendet einen Dokumentationsabschnitt.

=end *FMT*
: Siehe **=begin**.

=for *FMT*
: Der nächste Absatz wird nur bei Aufbereitung für den Formatierer *FMT* eingefügt.

=head1 *ueberschrift*
: Erzeugt eine Überschrift erster Ebene.

=head2 *ueberschrift*
: Erzeugt eine Überschrift zweiter Ebene.

=item *text*
: Siehe **=over**.

=over *N*
: Beginnt eine Aufzählung mit der Einrückung *N*. Die einzelnen Elemente werden über **=item** angegeben. Die Aufzählung endet mit **=back**.

=pod Leitet einen Dokumentationsabschnitt ein. Jeder der =-Befehle kann verwendet werden, um einen Dokumentationsabschnitt einzuleiten.

Diese Befehle gelten für den Textabsatz, der diesen Befehlen folgt. Absätze werden durch (mindestens) eine Leerzeile beendet.

Ein eingerückter Absatz wird als wortwörtlicher Text betrachtet und als solcher auch aufbereitet.

Innerhalb normaler Absätze können Markup-Sequenzen eingefügt werden:

B<*text***>** Druckt den Text fett (für Switches und Programme).

C<*code***>**
: Druckt Code in Nichtproportionalschrift (Typewriter).

E<*escape***>**
: Ein benanntes Zeichen. So stellt etwa **E<lt>** das Zeichen < dar, und **E<gt>** bedeutet >.

F<*datei***>**
: Dateiname.

I<*text***>** Kursive Schrift (für Hervorhebungen und Variablen).

L<*name***>**
: Ein Querverweis.

S<*text***>** Den *text* nicht bei Leerzeichen umbrechen.

X<*index***>**
: Indexeintrag.

Z<> Ein Zeichen der Breite null.

Datentypen

Array Indizierbare Liste skalarer Werte.

Hash Assoziative Liste skalarer Werte.

Skalar Strings, Zahlen und Referenzen.

Literale Werte

Array (1, 2, 3) ist eine Liste mit drei Elementen.
(1, 2, 3)[0] ist das erste Element dieser Liste,
(1, 2, 3)[-1] das letzte Element.
( ) ist eine leere Liste.
(1..4) ist das gleiche wie (1,2,3,4),
gleiches gilt für ('a'..'z').
('a'..'z')[4,7,9] ist ein Teilstück (Slice) aus dem Listen-Literal.
qw/foo bar .../ ist das gleiche wie ('foo','bar',...).

Arrayreferenz
[1,2,3]

Arrayreferenz mit benannten Indizes (Pseudohash)
[{*feld1* => *1*, *feld2* => *2*, ... }]

Boolesche Werte
Perl besitzt keinen Booleschen Datentyp. Alles, was undefiniert ist oder zu einem Nullstring, der Zahl Null oder dem String "0" evaluiert, wird als falsch betrachtet. Alles andere wird als wahr betrachtet (auch Strings wie "00"!).

Codereferenz
sub { *anweisungen* }

Dateihandles
STDIN, STDOUT, STDERR, ARGV, DATA.

Benutzerspezifiziert: *handle*, $*var*.

Globs <*muster*> evaluiert zu allen Dateinamen, die dem Muster entsprechen. Verwenden Sie <${*var*}> oder glob$*var*, um das Globbing über eine Variable zu erreichen.

Hash (assoziative Liste)

(*schlüssel1*, *wert1*, *schlüssel2*, *wert2*, ...)
Auch (*schlüssel1* => *wert1*, *schlüssel2* => *wert2*, ...)

Hashreferenz

{*schlüssel1*, *wert1*, *schlüssel2*, *wert2*, ...}

Here-Is <<*bezeichner*

»Hier-Dokument« im Shell-Stil. Details finden Sie in der Perl-Dokumentation.

Numerisch

123 1_234 123.4 5E-10 0xff (hexadezimal)
0377 (oktal)

Reguläre Ausdrücke

qr/*string*/*modifikatoren*

Details im Abschnitt »Reguläre Ausdrücke«.

Spezielle Tokens

__FILE__: Dateiname; **__LINE__**: Zeilennummer;
__PACKAGE__: aktuelles Paket;
__END__: Programmende; restliche Zeilen können über das Dateihandle **DATA** gelesen werden.

String

'abc'
Literaler String, keine Variableninterpolation oder Fluchtzeichen (außer \' und \\). Auch: **q/abc/**. Nahezu jedes Paar von Zeichen kann anstelle von **/.../** als Trennzeichen verwendet werden.

"abc"
Variablen werden interpoliert, und Escape-Sequenzen werden verarbeitet. Auch: **qq/abc/**.

Escape-Sequenzen: **t** (Tab), **n** (Newline),
r (Return), **f** (Formfeed), **b** (Backspace),
a (Alarm), **e** (Escape), **033** (oktal),
x1b (hexadezimal),**c**[(Control).
l (lower) und **u** (upper) schreiben das nachfolgende Zeichen klein bzw. groß. **L** und **U** schreiben die nachfolgenden Zeichen klein bzw. groß, bis ein **E** erscheint.

\Q führt ein Quoting von Nicht-Wort-Zeichen durch, bis ein **\E** erscheint.

`*befehl*`
Evaluiert zur Ausgabe des *befehl*s. Auch: **qx/***befehl***/**.

Variablen

$var Eine einfache Skalarvariable.

$var[27]
28. Element des Arrays @**var**.

$p = \@var
$p ist nun eine Referenz auf das Array @**var**.

$$p[27]
28. Element des durch **$p** referenzierten Arrays.
Auch: **$p->[27]**.

$var[-1]
Letztes Element von Array @**var**.

$var[$i][$j]
$j**-tes Element des **$i-ten Elements von Array @**var**.

$var{'Feb'}
Ein Wert aus dem Hash %**var**.

$p = \%var
$p ist nun eine Referenz auf den Hash %**var**.

$$p{'Feb'}
Ein Wert aus dem durch **$p** referenzierten Hash.
Auch **$p->{'Feb'}**.

$#var Letzter Index des Arrays @**var**.

@**var** Das gesamte Array. Im Skalarkontext die Anzahl der Elemente im Array.

@**var[3,4,5]**
Ein Teilstück des Arrays @**var**.

@**var{'a','b'}**
Ein Teilstück von %**var**; das gleiche wie
($var{'a'},$var{'b'}).

%var Der gesamte Hash. Im Skalarkontext wahr, wenn der Hash Elemente besitzt.

$var{'a',1,...}
Emuliert eine mehrdimensionale Liste (veraltet).

$c = \&mysub
$c ist nun eine Referenz auf die Subroutine **mysub**.

$c->(*args* **)**
Ruft die Subroutine über die Referenz auf.

pkg::*var*
Eine Variable aus einem Paket, zum Beispiel **$pkg::var**, **@pkg::ary**.

dingsda
Referenz auf ein Dingsda, z.B. **\$var**, **\%hash**.

**name* Verweist auf alle durch *name* repräsentierten Dingsdas.
***n1 = *n2** macht alle **n1** zu Aliase für **n2**.
***n1 = \$n2** macht die Paketvariable **$n1** zu einem Alias für **$n2**.

Sie können statt eines Variablenbezeichners auch immer einen *Block* verwenden (siehe Abschnitt »Anweisungen«), der den richtigen Referenztyp zurückgibt, z.B. **${...}**, **&{...}**. **$$p** ist einfach eine Abkürzung für **${$p}**.

Kontext

Boolescher Kontext
Eine spezielle Form des Skalarkontexts, bei dem nur relevant ist, ob das Ergebnis wahr oder falsch ist.

Listenkontext
Erwartet wird ein Listenwert oder ein Array.

Skalarkontext
Erwartet wird ein einzelner Skalarwert.

Void-Kontext
Es wird kein Wert erwartet. Wird ein Wert bereitgestellt, wird er ignoriert.

Die folgenden Funktionen sind an den Kontext gebunden:

scalar *ausdruck*
: Erzwingt einen Skalarkontext für den Ausdruck.

wantarray
: Gibt wahr zurück, wenn der aktuelle Kontext einen Listenwert erwartet, undef bei Void-Kontext.

Operatoren und Vorrang

Perl-Operatoren besitzen die folgende Assoziativität und den folgenden Vorrang. Die Tabelle ist vom höchsten zum niedrigsten Vorrang sortiert.

Assoz.	Operatoren	Beschreibung
links	Terme und Listenoperatoren	Siehe unten
links	->	Infix-Dereferenzierungsoperator
	++	Autoinkrement (»magisch« bei Strings)
	--	Autodekrement
rechts	**	Exponentierung
rechts	\	Referenz auf ein Objekt (unär)
rechts	! ~	Unäre Negation, bitweises Komplement
rechts	+ -	Unäres Plus, unäres Minus
links	=~	Bindet einen skalaren Ausdruck an eine Mustererkennung.
links	!~	Das gleiche, negiert aber das Ergebnis.
links	* / % x	Multiplikation, Division, Modulo, Wiederholung
links	+ - .	Addition, Subtraktion, Verkettung
links	>> <<	Bitweiser Rechts-Shift, bitweiser Links-Shift.
	benannte monadische (unäre) Operatoren	z.B. sin, chdir, -f, -M
	< > <= >=	Relationale numerische Operatoren
	lt gt le ge	Relationale String-Operatoren

<table>
<tr><th>Assoz.</th><th>Operatoren</th><th>Beschreibung</th></tr>
<tr><td></td><td>== != <=>

eq ne cmp</td><td>Numerisches gleich, ungleich und numerischer Vergleich
Stringorientiertes gleich, ungleich und stringbasierter Vergleich
Vergleichsoperatoren liefern −1 (kleiner), 0 (gleich) oder 1 (größer) zurück.</td></tr>
<tr><td>links</td><td>&</td><td>Bitweises UND</td></tr>
<tr><td>links</td><td>| ^</td><td>Bitweises ODER, bitweises Exklusiv-ODER</td></tr>
<tr><td>links</td><td>&&</td><td>Logisches UND</td></tr>
<tr><td>links</td><td>||</td><td>Logisches ODER</td></tr>
<tr><td></td><td>..

...</td><td>Skalarkontext: Bereichsoperator
Listenkontext: Aufzählung
Alternativer Bereichsoperator</td></tr>
<tr><td>rechts</td><td>?:</td><td>Bedingungsoperator (if ? then : else)</td></tr>
<tr><td>rechts</td><td>= += -= usw.</td><td>Zuweisungsoperatoren</td></tr>
<tr><td>links

links</td><td>,

=></td><td>Kommaoperator, auch Trennzeichen für Listenelemente
Das gleiche, macht den linken Operanden zu einem String.</td></tr>
<tr><td></td><td>Listenoperatoren (rechtsgerichtet)</td><td>Siehe unten</td></tr>
<tr><td>rechts</td><td>not</td><td>Logisches NICHT mit geringem Vorrang</td></tr>
<tr><td>links</td><td>and</td><td>Logisches UND mit geringem Vorrang</td></tr>
<tr><td>links</td><td>or xor</td><td>Logisches ODER/Exklusiv-ODER mit geringem Vorrang</td></tr>
</table>

Mit Klammern kann ein Ausdruck in einen Term eingebunden werden.

Eine Liste besteht aus Ausdrücken, Variablen oder Listen, die voneinander durch Kommata getrennt werden. Eine Arrayvariable oder ein Arraysegment kann immer anstelle (oder als Teil einer) Liste verwendet werden.

Perl-Funktionen, die als Listenoperatoren verwendet werden können, besitzen entweder einen sehr hohen oder einen sehr niedrigen Vorrang, je nachdem, ob Sie die linke oder die rechte Seite des Operators betrachten. Klammern können um die Parameterlisten eingefügt werden, um Probleme mit dem Vorrang zu vermeiden.

Die logischen Operatoren evaluieren den rechten Operanden nicht, wenn das Ergebnis bereits nach der Evaluierung des linken Operanden bekannt ist.

Anweisungen

Eine Anweisung ist ein Ausdruck (dem optional ein Modifikator folgt) und wird durch ein Semikolon abgeschlossen. Anweisungen können zu einem *Block* kombiniert werden, indem man sie in { } einschließt. Das Semikolon kann nach der letzten Anweisung des *Block*s weggelassen werden.

Die Ausführung von Ausdrücken kann von anderen Ausdrücken abhängig gemacht werden, indem einer der Modifikatoren if, unless, for, foreach, while oder until verwendet wird. Beispiele:

> *ausdruck1* if *ausdruck2* ;
> *ausdruck1* foreach *liste* ;
> *ausdruck1* until *ausdruck2* ;

Die logischen Operatoren | |, && und ?: erlauben ebenfalls eine bedingte Ausführung:

> *ausdruck1* | | *ausdruck2* ;
> *ausdruck1* ? *ausdruck2* : *ausdruck3* ;

Blöcke können zur Flußsteuerung verwendet werden:

> if (*ausdruck*) *block* [[elsif (*ausdruck*) *block* ...] else *block*]
>
> unless (*ausdruck*) *block* [else *block*]
>
> [*label*:] while (*ausdruck*) *block* [continue *block*]
>
> [*label*:] until (*ausdruck*) *block* [continue *block*]
>
> [*label*:] for ([*ausdruck*] ; [*ausdruck*] ; [*ausdruck*]) *block*
>
> [*label*:] foreach *var* † (*liste*) *block*
>
> [*label*:] *block* [continue *block*]

for und foreach sind austauschbar.

Der Programmfluß kann wie folgt kontrolliert werden:

goto *label*
: Sucht die Anweisung namens *label* und setzt die Ausführung hier fort. *label* kann ein Ausdruck sein, der zum Namen eines Labels evaluiert.

last [*label*]
: Verläßt unmittelbar die fragliche Schleife. Überspringt den continue-Block.

next [*label*]
: Führt den continue-Block aus und startet die nächste Iteration der Schleife.

redo [*label*]
: Durchläuft den Schleifenblock erneut, ohne die Bedingung noch einmal zu evaluieren. Überspringt den continue-Block.

Spezielle Formen sind:

do *block* while *ausdruck* ;
do *block* until *ausdruck* ;

Sie stellen sicher, daß *block* einmal ausgeführt wird, bevor *ausdruck* getestet wird. Die Form

do *block*

macht aus dem *block* tatsächlich einen Ausdruck.

Subroutinen, Pakete und Module

&*subroutine liste*
: Führt eine durch sub deklarierte *subroutine* aus und gibt den Wert des letzten in *subroutine* evaluierten Ausdrucks zurück. *subroutine* kann ein Ausdruck sein, der eine Referenz auf ein Code-Objekt liefert. Das & kann weggelassen werden, wenn die Subroutine deklariert wurde, bevor sie verwendet wird, oder wenn die *liste* in Klammern steht.

bless *ref* [, *klassenname*]

Wandelt das Objekt *ref* in ein Objekt in *klassenname* um. Gibt die Referenz zurück.

caller [*ausdruck*]

Gibt eine Liste ($package, $file, $line ...) für einen bestimmten Subroutinenaufruf zurück. **caller** gibt diese Information für die aktuelle Subroutine zurück, **caller(1)** für den Aufrufer dieser Subroutine usw. Liefert falsch zurück, wenn es keinen Aufrufer gibt.

do *subroutine liste*

Veraltete Form von &*subroutine*.

goto &*subroutine*

Ersetzt die aktuelle Subroutine durch einen Aufruf von *subroutine*.

import *modul* [[*version*] *liste*]

Importiert die benannten Elemente aus *module*.

no *modul* [*liste*]

Hebt die importierten Semantiken auf. Siehe use.

package [*namensraum*]

Legt den Rest des aktuellen Blocks als Paket mit einem Namensraum bzw., falls keiner angegeben wurde, ohne einen Namensraum fest.

prototype *funktion*

Gibt den Prototypen der Funktion als String zurück oder undef, wenn die Funktion keinen Prototypen besitzt.

require *ausdruck*†

Ist *ausdruck* numerisch, muß der Perl-Interpreter mindestens diese Versionsnummer besitzen. Anderenfalls muß *ausdruck* der Name einer Datei sein, die aus der Perl-Bibliothek eingebunden wird. Bindet die Datei nur einmal ein und führt zu einem fatalen Fehler, wenn die Datei nicht zu einem wahr-Wert evaluiert. Ist *ausdruck* ohne Suffix, wird für den Namen der Datei die Erweiterung **.pm** angenommen. Bei dieser Form des Ladens von Modulen wird eine Veränderung des Namensraums nicht riskiert.

return [*ausdruck*]
: Kehrt mit dem angegebenen Wert aus einer Subroutine zurück. Ohne Angabe eines Wertes wird im Skalarkontext undef und im Listenkontext eine leere Liste zurückgegeben.

sub [*name*] [(*proto*)] *block*
: Legt *name* als Subroutine fest. Parameter werden per Referenz im Array @_ übergeben. Gibt den Wert des zuletzt evaluierten Ausdrucks zurück. *proto* kann verwendet werden, um die benötigten Parameter zu definieren. Ohne einen *block* handelt es sich einfach um eine Vorwärtsdeklaration, ohne einen *name*n handelt es sich um eine anonyme Subroutine.

[sub] BEGIN *block*
: Definiert einen Setup-*block*, der vor der Ausführung aufgerufen wird.

[sub] END *block*
: Definiert einen Cleanup-*block*, der bei der Terminierung aufgerufen wird.

[sub] INIT *block*
: Definiert einen Initialisierungs-*block*, der nach der Kompilierung, aber vor der Ausführung aufgerufen wird.

use *modul* [[*version*] *liste*]
: Lädt das benannte Modul während der Kompilierung in das aktuelle Paket.

Objektorientierte Programmierung

Die Perl-Regeln objektorientierter Programmierung lauten wie folgt:

- Ein Objekt ist einfach eine Referenz, die weiß, welcher Klasse sie angehört. Objekte werden über bless »abgesegnet«, Referenzen nicht.
- Eine Klasse ist einfach ein Paket, das Methoden zur Arbeit mit Objektreferenzen bereitstellt. Kann ein Paket eine Methode nicht zur Verfügung stellen, werden die in @ISA aufgeführten Basisklassen durchsucht.

- Eine Methode ist einfach eine Subroutine, die eine Objektreferenz (oder bei statischen Methoden einen Paketnamen) als erstes Argument erwartet. Methoden können wie folgt aufgerufen werden:

  objref -> methode parameter oder
  methode objref parameter

Standardmethoden

Das Paket **UNIVERSAL** enthält Methoden, die von allen anderen Klassen automatisch geerbt werden:

can *methode*
: Gibt eine Referenz auf die Methode zurück, wenn das Objekt sie besitzt, anderenfalls undef.

isa *klasse*
: Gibt wahr zurück, wenn das Objekt in einer Subklasse von *klasse* bekannt ist.

VERSION [*benötigt*]
: Gibt die Version der Klasse zurück. Prüft die Version, wenn *benötigt* angegeben wurde.

Pragma-Module

Pragma-Module beeinflussen die Kompilierung Ihres Programms. Pragma-Module können mit use aktiviert (importiert) und mit no deaktiviert werden. Sie sind üblicherweise blockbezogen.

attrs *attribute*
: Setzt/liest die Attribute einer Subroutine.
use attrs "method" gibt an, daß die aufrufende Subroutine eine Methode ist.
use attrs "locked" schützt die aufrufende Subroutine vor gleichzeitigen Zugriffen.

autouse *module*
: Jedes der genannten Module wird erst geladen, wenn eine seiner Funktionen aufgerufen wird.

base *klassen*
: Baut während der Kompilierung eine IS-A-Beziehung mit den Basisklassen auf.

blib [*dir*]
: Verwendet die nicht mittels MakeMaker installierte Version eines Pakets. *dir* ist mit dem aktuellen Verzeichnis voreingestellt.

constant *name* => *wert*
: Pragma zur Deklaration von Konstanten.

diagnostics [**-verbose**]
: Erzwingt ausführliche Diagnosewarnungen und unterdrückt doppelte Warnungen.

fields *namen*
: Implementiert Klassenfelder während der Kompilierung mit Hilfe von Pseudohashes.

integer
: Führt Berechnungen mit Integerwerten statt mit Double-Werten durch.

less *was*
: Fordert vom Compiler weniger von »irgend etwas« an (nicht implementiert).

lib *namen*
: Nimmt Bibliotheken in **@INC** auf oder entfernt sie.

locale
: Verwendet und vermeidet POSIX-Locales bei fest integrierten Operationen.

ops *operationen*
: Beschränkt unsichere Operationen während der Kompilierung.

overload *operator* => *subref*
: Pakete zur Überladung von Perl-Operatoren. *operator* ist der Operator (als String), *subref* ist eine Referenz auf die Subroutine, die den überladenen Operator behandelt.
Beispiel: **use overload "+" => \&my_add;**

re *verhalten*
: Ändert das Verhalten regulärer Ausdrücke.
use re "eval" erlaubt Code-Ausführungsbedingungen der Länge Null (siehe »Reguläre Ausdrücke«).
use re "taint" propagiert das Tainting.

sigtrap *info*

Aktiviert die einfache Signalbehandlung.
Beispiel: **use sigtrap qw(SEGV TRAP);**

strict [*konstrukte*]

Beschränkt unsichere Konstrukte.
use strict "refs" beschränkt die Verwendung symbolischer Referenzen.
use strict "vars" legt fest, daß alle Variablen entweder my oder vollständig qualifiziert sind.
use strict "subs" beschränkt die Verwendung von Bareword-Bezeichnern, bei denen es sich nicht um Subroutinen handelt.
Ohne Angabe der *konstrukte* sind alle betroffen.

subs *namen*

Vordeklaration von Subroutinennamen. Erlaubt deren Verwendung ohne Klammern, bevor sie deklariert werden. Beispiel: **use subs qw(ding dong);**

vars *namen*

Vordeklaration von Variablennamen. Erlaubt deren Verwendung unter dem strict-Pragma.
Beispiel: **use vars qw($foo @bar);**

vmsish [*features*]

Kontrolliert VMS-spezifische Sprachmerkmale. Gilt nur für VMS.
use vmsish "exit" aktiviert VMS-artige Exitcodes.
use vmsish "status" erlaubt es Systembefehlen, VMS-artige Exitcodes an das aufrufende Programm zurückzugeben.
use vmsish "time" wandelt alle Zeitangaben relativ zur lokalen Zeitzone um.
Ohne Angabe der *features* sind alle betroffen.

Arithmetische Funktionen

abs *ausdruck*†
: Gibt den Absolutwert des Operanden zurück.

atan2 *y*, *x*
: Gibt den Arkus-Tangens von *y*/*x* im Bereich von $-\pi$ bis π zurück.

cos *ausdruck*†
: Gibt den Kosinus von *ausdruck* (in Bogenmaß) zurück.

exp *ausdruck*†
: Gibt den Wert von *e* hoch *ausdruck* zurück.

int *ausdruck*†
: Gibt den ganzzahligen Teil von *ausdruck* zurück.

log *ausdruck*†
: Gibt den natürlichen Logarithmus (Basis *e*) von *ausdruck* zurück.

rand [*ausdruck*]
: Gibt eine Zufallszahl (als Dezimalbruch) zwischen 0 (inklusive) und dem Wert von *ausdruck* (exclusive) zurück. Fehlt *ausdruck*, wird standardmäßig der Wert 1 verwendet.

sin *ausdruck*†
: Gibt den Sinus von *ausdruck* (in Bogenmaß) zurück.

sqrt *ausdruck*†
: Gibt die Quadratwurzel von *ausdruck* zurück.

srand [*ausdruck*]
: Initialisiert den vom rand-Operator verwendeten Zufallszahlengenerator.

time
: Gibt die Anzahl der Sekunden zurück, die seit dem Beginn der Epoche vergangen sind. (Die Definition der Epoche hängt vom jeweiligen System ab.) Geeignet für die Übergabe an gmtime und localtime.

Konvertierungsfunktionen

chr *ausdruck*†

Gibt das Zeichen zurück, das durch den Dezimalwert *ausdruck* repräsentiert wird.

gmtime [*ausdruck*]

Im Listenkontext wandelt diese Funktion einen Zeitwert, der von der time-Funktion geliefert wird, in eine Liste mit neun Elementen um (0:$sek, 1:$min, 2:$stunde, 3:$mtag, 4:$mon, 5:$jahr, 6:$wtag, 7:$jtag, 8:$ismrzeit). Die Zeit wird dabei für die Standard-GMT-Zeit aufbereitet. Im Skalarkontext wird der Zeitwert in ein Ausgabeformat umgewandelt.

$mon hat den Wertebereich 0 (Januar) bis 11 (Dezember), und $wtag hat den Wertebereich 0 (Sonntag) bis 6 (Samstag).

Fehlt *ausdruck*, wird standardmäßig die aktuelle Zeit eingesetzt.

hex *ausdruck*†

Gibt den Dezimalwert von *ausdruck*, interpretiert als Hexadezimalstring, zurück.

localtime [*ausdruck*]

Wie gmtime, aber für die lokale Zeitzone aufbereitet.

oct *ausdruck*†

Gibt den Dezimalwert von *ausdruck*, interpretiert als Oktalstring, zurück. Beginnt *ausdruck* mit **0x**, wird er statt dessen als Hexadezimalstring interpretiert.

ord *ausdruck*†

Gibt den ASCII-Wert des ersten Zeichens von *ausdruck* zurück.

vec *ausdruck*, *offset*, *bits*

Betrachtet den String *ausdruck* als Vektor von vorzeichenlosen Integerwerten mit jeweils *bits* Bits und liefert den Dezimalwert des an *offset* liegenden Elements zurück. *bits* muß eine Zweierpotenz zwischen 1 und 32 sein. Der ganze Ausdruck kann auch einen Wert zugewiesen bekommen.

Strukturkonvertierung

pack *template, liste*

Packt die Werte der *liste* in eine binäre Struktur mit Hilfe der Schablone *template.* Gibt einen String zurück, der diese Struktur enthält.

unpack *template, ausdruck*

Entpackt die Struktur *ausdruck* mit Hilfe der Schablone *template* in eine Liste.

template ist eine Sequenz der folgenden Zeichen:

a	/	A	ASCII-String, mit Null-/Leer-Zeichen aufgefüllt
b	/	B	Bitstring in aufsteigender/absteigender Reihenfolge
c	/	C	Char-Wert mit/ohne Vorzeichen
f	/	d	Single-/Double-Float im Maschinenformat (native)
h	/	H	Hexstring, niederwertiges/höherwertiges Nibble zuerst
i	/	I	Integerwert mit/ohne Vorzeichen
l	/	L	Long-Wert mit/ohne Vorzeichen
n	/	N	Short/Long in Netzwerk-Byteordnung (Big Endian)
s	/	S	Short-Wert mit/ohne Vorzeichen
u	/	p	mit UUencode codierter String/Zeiger (Pointer) auf einen String
P			Zeiger auf eine Struktur (String fester Länge)
v	/	V	Short/Long in VAX-Byteordnung (Little Endian)
w			BER-komprimierter Integer
x	/	@	Null-Byte/Auffüllen mit Null-Bytes bis Position
X			Ein Byte zurück

Jedem Zeichen kann eine Dezimalzahl folgen, die als Wiederholungszähler verwendet wird. Ein Sternchen (*) liest alle verbliebenen Argumente ein. Steht vor dem Format ein %*n*, gibt unpack eine Prüfsumme mit *n* Bit zurück. *n* ist mit 16 voreingestellt. Der Lesbarkeit halber dürfen Whitespaces im Template enthalten sein.

Stringfunktionen

chomp *liste*†

Entfernt das Zeilenende von allen Elementen der Liste. Gibt die (Gesamt-)Zahl der entfernten Zeichen zurück.

chop *liste*†

Entfernt das letzte Zeichen aller Elemente der Liste. Gibt das zuletzt entfernte Zeichen zurück.

crypt *klartext*, *salt*

Verschlüsselt einen String (nicht umkehrbar).

eval *ausdruck*†

ausdruck wird als Perl-Programm interpretiert und ausgeführt. Der Rückgabewert ist der Wert des zuletzt ausgewerteten Ausdrucks. Ist ein Syntax- oder Laufzeitfehler aufgetreten, gibt eval undef zurück, und $@ enthält die Fehlermeldung. Beachten Sie auch eval im Abschnitt »Vermischtes«.

index *string*, *substring* [, *offset* [, *ersetzungstext*]]

Gibt die Position von *substring* in *string* an oder nach *offset* zurück. Ersetzt den gefundenen Text durch den *ersetzungstext*, falls dieser angegeben wurde. Gibt **–1** zurück, wenn der Substring nicht gefunden wurde.

lc *ausdruck*†

Wandelt *ausdruck* in Kleinbuchstaben um.

lcfirst *ausdruck*†

Wandelt den ersten Buchstaben von *ausdruck* in Kleinbuchstaben um.

length *ausdruck*†

Gibt die Länge von *ausdruck* in Bytes zurück.

quotemeta *ausdruck*†

Gibt *ausdruck* als String zurück, bei dem alle Metazeichen für reguläre Ausdrücke gequotet sind.

rindex *string*, *substring* [, *offset*]

Gibt die Position des letzten Vorkommens von *substring* in *string* an oder vor *offset* zurück.

substr *ausdruck, offset* [, *länge*]

Extrahiert einen Substring der Länge *länge* an der Position *offset* aus *ausdruck* und gibt ihn zurück. Bei einem negativen *offset* wird vom Ende des Strings gezählt. Bei einer negativen *länge* werden entsprechend viele Zeichen vom Ende des Strings weggelassen. Der ganze Ausdruck kann auch einen Wert zugewiesen bekommen.

uc *ausdruck*†

Wandelt *ausdruck* in Großbuchstaben um.

ucfirst *ausdruck*†

Wandelt den ersten Buchstaben von *ausdruck* in einen Großbuchstaben um.

Array- und Hashfunktionen

delete $*hash*{*schlüssel*}

delete @*hash*{*schlüssel1, schlüssel2, ...*}

Entfernt den/die angegebenen Wert(e) aus dem angegebenen Hash. Gibt den/die entfernten Wert(e) zurück (es sei denn, *hash* ist mit tie an ein Paket gebunden, das das nicht unterstützt).

each %*hash*

Gibt eine aus zwei Elementen bestehende Liste zurück, die den Hashschlüssel und seinen zugehörigen Wert enthält. Die Einträge werden in einer scheinbar zufälligen Reihenfolge zurückgegeben. Nachdem alle Werte des Hashes zurückgegeben wurden, wird eine leere Liste zurückgegeben. Der daraufhin folgende nächste Aufruf von each startet die Iteration dann wieder.

Ein Aufruf von keys oder values setzt die Iteration zurück.

exists *ausdruck*

Überprüft, ob der angegebene Hashschlüssel in diesem Hash existiert.

grep *ausdruck, liste*

grep *block liste*

Evaluiert *expr* oder *block* für jedes Element der *liste*. Dabei wird **$_** lokal so gesetzt, daß es auf dieses Element verweist. Die Modifikation von **$_** ändert automatisch auch das entsprechende Element der *liste*.

Im Listenkontext wird eine Liste der Elemente aus der *liste* zurückgegeben, für die *ausdruck* wahr zurückgibt. Im Skalarkontext wird die Anzahl dieser Elemente zurückgegeben.

join *ausdruck*, *liste*

Verbindet die einzelnen Strings der *liste* zu einem einzigen String, dessen Felder durch den Wert von *ausdruck* getrennt sind. Zurückgegeben wird der String.

keys %*hash*

Im Listenkontext wird eine Liste aller Schlüssel im benannten Hash zurückgegeben. Im Skalarkontext wird die Anzahl der Elemente im Hash zurückgeliefert.

map *ausdruck*, *liste*
map *block liste*

Evaluiert *ausdruck* oder *block* für jedes Element der *liste*. Dabei wird **$_** lokal so gesetzt, daß es auf dieses Element verweist. Die Modifikation von **$_** ändert automatisch auch das entsprechende Element der *liste*. Gibt die Liste der Ergebnisse zurück.

pop [@*array*]

Entfernt den letzten Wert aus dem Array (und gibt ihn zurück). Wird das @*array* nicht angegeben, wird, je nach lexikalischem Geltungsbereich, aus @**ARGV** oder @_ entfernt.

push @*array*, *liste*

Hängt die Werte der *liste* an das Ende des Arrays an. Gibt die neue Länge des Arrays zurück.

reverse *liste*

Im Listenkontext wird die *liste* in umgekehrter Reihenfolge zurückgegeben.

Im Skalarkontext werden die Listenelemente zu einem String verkettet, und der umgekehrte String wird zurückgegeben.

scalar @*array*

Gibt die Anzahl der Elemente im Array zurück.

scalar *%hash*

Gibt wahr zurück, wenn Elemente im Hash definiert sind.

shift [*@array*]

Verschiebt den ersten Wert aus dem Array und gibt ihn zurück. Dabei wird das Array um ein Element gekürzt und alles nach unten verschoben. Wird *@array* nicht angegebenen, wird, je nach lexikalischem Geltungsbereich, **@ARGV** oder @_ verschoben.

sort [*subroutine*] *liste*

Sortiert die *liste* und gibt den sortierten Listenwert zurück. Die *subroutine* muß, wenn sie angegeben wird, kleiner null, null oder größer null zurückgeben, je nachdem, wie die Elemente der Liste (die der Routine als globale Paketvariable **$a** und **$b** zur Verfügung stehen) geordnet werden sollen. *subroutine* kann der Name einer benutzerdefinierten Routine (bzw. eine diesen Namen enthaltende Variable) oder ein *block* sein.

splice *@array*, *offset* [, *länge* [, *liste*]]

Entfernt die durch *offset* und *länge* gekennzeichneten Elemente aus *@array* und ersetzt sie durch die *liste* (falls angegeben). Gibt die enfernten Elemente zurück. Bei einem negativen *offset* wird vom Ende des Arrays gezählt.

split [*muster* [, *ausdruck*† [, *limit*]]]

Zerlegt *ausdruck* (einen String) in eine Liste von Strings und gibt diese zurück. Wird ein *limit* angegeben, wird der String maximal in diese Anzahl von Feldern zerlegt. Wird das Muster *muster* weggelassen, wird an Whitespaces zerlegt (nachdem die führenden Whitespaces entfernt wurden). Außerhalb des Listenkontextes wird die Anzahl der Felder zurückgegeben und nach @_ zerlegt. Beachten Sie auch den Abschnitt »Such- und Ersetzungsfunktionen«.

unshift *@array*, *liste*

Stellt die *liste* an den Anfang des Arrays und gibt die Anzahl der Elemente im neuen Array zurück.

values %*hash*

Gibt eine Liste zurück, die alle Werte des angegebenen Hashes enthält.

Reguläre Ausdrücke

Jedes Zeichen steht für sich selbst, solange es sich nicht um eines der Spezialzeichen + ? . * ^ $ ( ) [ ] { } | \ handelt. Die spezielle Bedeutung dieser Zeichen kann mit einem vorangestellten \ aufgehoben werden.

.
: Steht für ein beliebiges Zeichen außer Newline, solange nicht der Modifikator s verwendet wird (siehe m/ /s im Abschnitt »Such- und Ersetzungsfunktionen«).

(...)
: Gruppiert eine Reihe von Musterelementen zu einem einzigen Element.

^
: Steht für den Anfang des Ziels. Im Mehrzeilenmodus (siehe m/ /m im Abschnitt »Such- und Ersetzungsfunktionen«) wird auch jedes Newline-Zeichen erkannt.

$
: Erkennt das Zeilenende bzw. das Zeichen unmittelbar vor dem letzten Newline. Im Mehrzeilenmodus wird auch das Zeichen unmittelbar vor jedem Newline erkannt.

[...]
: Bezeichnet eine Klasse von zu erkennenden Zeichen. [^...] negiert die Klasse.

(...|...|...)
: Erkennt eine der angegebenen Alternativen.

(?# *text*)
: Kommentar.

(?: *regex*)
: Wie (*regex*), aber ohne Rückwärtsreferenzen.

: Modifikatoren können zwischen ? und : angegeben werden (siehe auch ? *modifikator* an anderer Stelle in dieser Liste).

(?= *regex*)
: Positive Lookahead-Bedingung (null Zeichen).

(?! *regex*)
: Negative Lookahead-Bedingung (null Zeichen).

(?< *regex*)
: Positive Lookbehind-Bedingung (null Zeichen).

(?<! *regex*)
: Negative Lookbehind-Bedingung (null Zeichen).

(?<{ *code* })
: Führt Perlcode während des Matchings aus. Wird immer bei null Zeichen ausgeführt.

  Verlangt das **re "eval"**-Pragma.

(?> *regex*)
: Verankertes Submuster.

(?(*bedingung*)*musterwahr* [| *musterfalsch*])
: Wählt ein Muster in Abhängigkeit von der Bedingung. *bedingung* muß ein geklammertes Submuster oder eine der o.g. Lookahead-, Lookbehind- oder Evaluierungsannahmen sein.

(? *modifikator*)
: Eingebetteter Mustererkennungsmodifikator. *modifikator* kann eines oder mehrere der Zeichen `i`, `m`, `s` oder `x` sein. Modifikatoren können deaktiviert werden, indem man den/dem Buchstabe(n) ein Minuszeichen voranstellt.

Quantifizierte Submuster werden so oft wie möglich erkannt. Folgt den Mustern ein ?, wird die minimale Anzahl erkannt. Die folgenden Mengenmodifikatoren (»Quantifier«) stehen zur Verfügung:

+
: Erkennt das vorstehende Musterelement ein oder mehrmals.

?
: Erkennt ein Element nicht oder einmal.

*
: Erkennt ein Element nicht oder mehrmals.

{*n*,*m*}
: Gibt die minimale (*n*) und maximale (*m*) Anzahl von Treffern an. {*n*} bedeutet genau *n*mal; {*n*,} bedeutet mindestens *n*mal.

Ein \ hebt jedwede spezielle Bedeutung eines folgenden, nicht alphanumerischen Zeichens auf. Gleichzeitig macht es aus den meisten alphanumerischen Zeichen etwas Besonderes:

\w Erkennt alphanumerische Zeichen inklusive _, **\W** erkennt nicht-alphanumerische Zeichen.

\s Erkennt Whitespace, **\S** erkennt Nicht-Whitespace.

\d Erkennt Ziffern, **\D** erkennt Nicht-Ziffern.

\A Erkennt den Anfang des Strings.

\Z Erkennt das Ende eines Strings oder das Zeichen unmittelbar vor dem Newline am Ende.

\z Erkennt das Ende eines Strings.

\b Erkennt Wortgrenzen, **\B** erkennt Nicht-Wortgrenzen.

\G Erkennt die Stelle, an der die vorherige Suche mit m/ /g aufgehört hat.

\t, **\n**, **\r**, **\f**, **\a**, **\e**, **\0***XX*, **\x***XX*, **\c***X*, **\l**, **\u**, **\L**, **\U**, **\E** und **\Q**
haben ihre übliche Bedeutung, siehe »String« im Abschnitt »Literale Werte«.

\w, **\W**, **\s**, **\S**, **\d** und **\D**
Können innerhalb von Zeichenklassen verwendet werden, allerdings steht **\b** in diesem Kontext für ein Backspace.

Rückwärtsreferenzen:

\1...**\9** Verweist innerhalb einer Erkennung auf mit **( )** gruppierte Subausdrücke.

\10 und darüber
Kann ebenfalls verwendet werden, wenn im Muster entsprechend viele Subausdrücke erkannt werden.

Siehe auch **$1**...**$9**, **$+**, **$&**, **$`** und **$'** im Abschnitt »Spezialvariablen«.

Mit dem Modifikator x können Whitespaces und Kommentare in Mustern verwendet werden, um die Lesbarkeit zu erhöhen.

Such- und Ersetzungsfunktionen

Ist die rechte Seite des =~ oder !~ ein Ausdruck anstelle eines Suchmusters, einer Substitution oder Übersetzung, wird sie zur Laufzeit als Suchmuster interpretiert.

[*ausdruck* =~] [m] */muster/* [g[c]] [i] [m] [o] [s] [x]

Sucht in *ausdruck* (standardmäßig $_) nach einem Muster.

Wenn Sie ein m voranstellen, können Sie anstelle der Slashes fast jedes Paar von Trennzeichen verwenden.

Für =~ kann auch die Negationsform !~ verwendet werden, die wahr zurückgibt, wenn =~ falsch zurückgeben würde.

Im Listenkonetxt wird eine Liste zurückgegeben, die aus den durch die Klammern erkannten Subausdrücken besteht, d. h. **($1, $2, $3,...)**.

Optionale Modifikatoren: c ermöglicht eine Fortsetzung der Suche. g erkennt so oft wie möglich. i ignoriert die Groß-/Kleinschreibung bei der Suche. o interpoliert eine Variable nur einmal. m betrachtet den String als mehrzeilig. s betrachtet den String als einzeilig. x erlaubt erweiterte reguläre Ausdrücke.

Ist *muster* leer, wird das letzte Muster einer vorangegangenen erfolgreichen Erkennung oder Ersetzung verwendet.

Mit g kann das gefundene Muster im Skalarkontext als Iterator verwendet werden.

?*muster*?

Genau wie bei der Suche mit */muster/*, allerdings wird *muster* hier zwischen den Aufrufen des reset-Operators nur einmal erkannt.

[$*var* =~] s/*muster*/*neuertext*/ [e] [g] [i] [m] [o] [s] [x]

Durchsucht den String *var* (standardmäßig $_) nach einem Muster und ersetzt diesen Teil (wenn er gefunden wird) durch den Ersetzungstext. Zurückgegeben wird die Anzahl der Ersetzungen bzw. falsch, wenn nichts ersetzt wurde.

Optionale Modifikatoren: g ersetzt alle Vorkommen des Musters. e evaluiert den Ersetzungsstring als Perl-Ausdruck. Die anderen Modifikatoren entsprechen denen von */muster/*.

Nahezu jedes Zeichen kann anstelle der Slashes als Trennzeichen verwendet werden. Werden Apostrophe verwendet, wird bei Strings zwischen den Trennzeichen nicht interpoliert. Anderenfalls werden Strings interpoliert, als würden sie in Anführungszeichen stehen.

Werden klammernde Trennzeichen verwendet, können *muster* und *neuertext* jeweils ihre eigenen Trennzeichen verwenden, z.B. **s(foo)[bar]**.

Ist *muster* leer, wird das letzte Muster einer vorangegangenen erfolgreichen Erkennung oder Ersetzung verwendet.

[*$var* =~] tr/*suchliste*/*ersetzungsliste*/ [c][d][s]

Übersetzt alle Vorkommen von in der Suchliste stehenden Zeichen in die entsprechenden Zeichen der Ersetzungsliste. Zurückgegeben wird die Anzahl der ersetzten Zeichen. y kann anstelle von tr verwendet werden.

Optionale Modifikatoren: c komplementiert die *suchliste*. d entfernt alle in *suchliste* vorkommenden Zeichen, die kein entsprechendes Zeichen in *ersetzungsliste* besitzen. s ersetzt alle Sequenzen von Zeichen, die in das gleiche Zielzeichen umgewandelt werden, durch ein einzelnes Vorkommen dieses Zeichens.

pos *skalar*†

Gibt die Position zurück, an der die letzte m//g-Suche für *skalar* unterbrochen wurde. Eine Zuweisung ist möglich.

qr/*string*/*modifikatoren*

Kompiliert den String als Muster und gibt es als Skalarwert zurück.

study $*var*†
: Studiert die Skalarvariable **$*var*** in Erwartung vieler Mustererkennungsoperationen über ihren Inhalt, bevor die Variable erneut modifiziert wird.

Dateitestoperatoren

Diese unären (monadischen) Operatoren verlangen ein Argument (einen Dateinamen oder ein Dateihandle) und prüfen, ob die entsprechende Datei eine bestimmte Bedingung erfüllt. Wird das Argument weggelassen, erfolgt der Test über **$_** (mit Ausnahme von **-t**, wo **STDIN** geprüft wird). Wird das spezielle Argument _ (Unterstrich) übergeben, werden die Informationen des vorangegangenen Tests oder stat-Aufrufs verwendet.

-r -w -x
: Datei kann vom effektiven UID/GID gelesen/geschrieben/ausgeführt werden.

-R -W -X
: Datei kann vom realen UID/GID gelesen/geschrieben/ausgeführt werden.

-o -O Datei gehört effektivem/realem UID.

-e -z Datei existiert/hat die Größe Null.

-s Datei existiert und hat eine Größe ungleich Null. Zurückgegeben wird die Größe.

-f -d Datei ist eine reine Textdatei/ein Verzeichnis.

-l -S -p
: Datei ist ein symbolischer Link/ein Socket/eine benannte Pipe (FIFO).

-b -c Datei ist eine block-/zeichenorientierte Spezialdatei.

-u -g -k
: Datei hat das setuid-/setgid-/sticky-Bit gesetzt.

-t Prüft, ob das Dateihandle (standardmäßig **STDIN**) mit einem TTY verknüpft ist.

-T -B Datei ist eine Text-/Binärdatei. **-T** und **-B** geben wahr bei einer Nulldatei zurück oder wenn sich die Datei während des Tests am Dateiende (EOF) befindet.

-M -A -C
Modifikations-/Zugriffs-/Inodeänderungs-Zeit der Datei, gemessen in Tagen. Der zurückgegebene Wert spiegelt das Alter der Datei seit dem Start des Skripts wider. Siehe auch **$^T** im Abschnitt »Spezialvariablen«.

Dateioperationen

Mit Listen von Dateien operierende Funktionen geben die Anzahl der erfolgreich bearbeiteten Dateien zurück.

chmod *liste*
Ändert die Zugriffsrechte für eine Liste von Datcien. Das erste Element der Liste muß den numerischen Modus als Oktalzahl angeben (z.B. 0644).

chown *liste*
Ändert den Besitzer und die Gruppe einer Liste von Dateien. Die beiden ersten Elemente der Liste müssen die numerische UID und GID enthalten. Hat die GID den Wert -1, wird die Gruppe nicht geändert.

link *altedatei, neuedatei*
Erzeugt einen neuen Dateinamen, der auf den alten Dateinamen verweist.

lstat *datei*
Wie stat. Ist die letzte Komponente des Dateinamens aber ein symbolischer Link, wird stat auf den Link und nicht auf die Datei ausgeführt.

mkdir *dir, rechte*
Legt ein Verzeichnis mit den angegebenen Zugriffsrechten (z.B. 0755) an.

readlink *ausdruck*†
Gibt den Wert eines symbolischen Links zurück.

rename *altername, neuername*
Ändert den Namen einer Datei.

rmdir *dateiname*†
Entfernt das Verzeichnis, wenn es leer ist.

stat *datei*

Liefert eine Liste mit 13 Elementen zurück (0:$dev, 1:$ino, 2:$mode, 3:$nlink, 4:$uid, 5:$gid, 6:$rdev, 7:$size, 8:$atime, 9:$mtime, 10:$ctime, 11:$blksize, 12:$blocks). *datei* kann ein Dateihandle sein, ein zu einem Dateinamen evaluierender Ausdruck oder _ (um die letzte Dateitestoperation bzw. den letzten stat-Aufruf zu verwenden). Gibt eine leere Liste zurück, wenn stat fehlschlägt.

Verwenden Sie das Standardmodul **File::stat**, um auf einfache Weise auf diese Information zugreifen zu können.

symlink *altedatei*, *neuedatei*

Erzeugt einen neuen Dateinamen, der einen symbolischen Link auf den alten Dateinamen bildet.

truncate *datei*, *größe*

Kürzt die Länge von *datei* auf die Größe *größe*. *datei* kann ein Dateiname oder ein Dateihandle sein.

unlink *liste*†

Löscht eine Liste von Dateien.

utime *liste*

Ändert die Zugriffs- und Modifikationszeiten. Die ersten beiden Elemente der Liste müssen die numerischen Zugriffs- und Modifikationszeiten enthalten.

Die Inode-Änderungszeit wird auf die aktuelle Zeit gesetzt.

Ein-/Ausgabe

Bei Ein-/Ausgabeoperationen kann *dateihandle* ein über den open-Operator geöffnetes Dateihandle, ein vordefiniertes Dateihandle (z.B. **STDOUT**) oder eine Skalarvariable sein, die zu einer Referenz auf einen Dateinamen oder einem Dateihandle evaluiert.

<*dateihandle*>

Im Skalarkontext wird eine einzelne Zeile aus der über *dateihandle* geöffneten Datei gelesen. Im Listenkontext wird der Rest der Datei eingelesen.

<> Liest aus dem Eingabestream, der durch die in **@ARGV** angegebenen Dateien gebildet wird. Es wird über die Standardeingabe gelesen, wenn keine Argumente übergeben wurden.

binmode *dateihandle*

Sorgt dafür, daß die über *dateihandle* geöffnete Datei im Binärmodus und nicht im Textmodus gelesen und geschrieben wird (bei Unix und Mac eine Nulloperation).

close [*dateihandle*]

Schließt die mit dem Dateihandle assoziierte Datei oder Pipe. Setzt **$.** zurück. Fehlt *dateihandle*, wird das momentan gewählte Dateihandle geschlossen.

dbmclose *%hash*

Veraltet. Verwenden Sie statt dessen untie.

dbmopen *%hash*, *dbmname*, *modus*

Veraltet. Verwenden Sie statt dessen tie.

eof *dateihandle*

Gibt wahr zurück, wenn die nächste Leseoperation das Dateiende (EOF) anzeigt oder wenn die Datei nicht geöffnet ist.

eof Gibt den EOF-Status der zuletzt gelesenen Datei zurück.

eof() Zeigt EOF für die Pseudodatei an, die aus den in der Kommandozeile übergebenen Dateien besteht.

fcntl *dateihandle*, *funktion*, **$***var*

Implementiert die *fcntl*(2)-Funktion. Diese Funktion hat keine Standardrückgabewerte.

fileno *dateihandle*

Liefert den Dateideskriptor für das gegebene (geöffnete) Dateihandle zurück.

flock *dateihandle*, *operation*

Ruft eine systemabhängige Locking-Routine für die Datei auf. Die Operation ergibt sich durch Hinzufügen von 1 (Shared), 2 (Exclusive), 4 (Non-Blocking) oder 8 (Unlock).

getc [*dateihandle*]

Gibt das nächste Zeichen aus der Datei zurück bzw. einen Leerstring am Dateiende. Fehlt *dateihandle*, wird aus **STDIN** gelesen.

ioctl *dateihandle*, *funktion*, **$***var*

Führt *ioctl*(2) über die Datei aus. Diese Funktion hat keine Standardrückgabewerte.

open *dateihandle* [, *dateiname*]

Öffnet eine Datei und assoziiert sie mit *dateihandle*. Wird *dateiname* weggelassen, muß die Skalarvariable mit dem gleichen Namen wie *dateihandle* den Dateinamen enthalten. Die folgenden Dateinamenkonventionen gelten beim Öffnen einer Datei:

"*datei*" Öffnet *datei* für die Eingabe. Auch **"**<*datei***"**.

">*datei*"

Öffnet *datei* für die Ausgabe und legt sie bei Bedarf auch an.

">>*datei*"

Öffnet *datei* so, daß Daten angehängt werden (Append-Modus).

"+<*datei*"

Öffnet die existierende Datei *datei* mit Lese-/Schreibrechten.

"+>*datei*"

Öffnet eine alte oder erzeugt eine neue *datei* mit Lese-/Schreibrechten.

"+>>*datei*"

Lese-/Schreibrechte im Append-Modus.

"| *befehl*"

Öffnet eine Pipe zum Befehl *befehl*; erzeugt einen Child-Prozeß (*fork*-Aufruf), wenn der Befehl - lautet.

"*befehl* |"

Öffnet eine Pipe vom Befehl *befehl*; führt zu einem *fork*, wenn der Befehl - lautet.

datei kann auch &*dateihandle* sein. In diesem Fall wird das neue Dateihandle mit dem (vorher geöffneten) *dateihandle* verbunden. Bei &=*n*, wird *datei* mit dem angegebenen Dateideskriptor verbunden.

open gibt bei einem Fehler undef zurück, andernfalls wahr.

pipe *lesehandle*, *schreibhandle*

Liefert ein Paar verbundender Pipes zurück.

print [*dateihandle*] [*liste*†]

Gibt die Elemente der *liste* aus und wandelt sie bei Bedarf in Strings um. Fehlt *dateihandle*, wird über die Standardausgabe (bzw. den zuletzt gewählten Ausgabekanal, siehe select) ausgegeben.

printf [*dateihandle*] [*liste*]

Identisch mit print *dateihandle* sprintf *liste*.

read *dateihandle*, *$var*, *länge* [, *offset*]

Liest *länge* binäre Bytes aus der Datei an *offset* in die Variable ein. Gibt die Anzahl der tatsächlich gelesenen Bytes zurück bzw. 0 bei eof und undef bei einem Fehler.

readline *ausdruck*

Interne Funktion, die den <>-Operator implementiert. *ausdruck* muß ein Typeglob sein.

readpipe *ausdruck*

Interne Funktion, die den qx//-Operator implementiert. *ausdruck* wird als Systembefehl ausgeführt.

seek *dateihandle*, *position*, *bezugspunkt*

Positionierung an einer beliebigen Stelle innerhalb der Datei. Gibt bei Erfolg wahr zurück.

select [*dateihandle*]

Gibt das momentan gewählte Dateihandle zurück. Setzt ein neues Standarddateihandle für Ausgabeoperationen, wenn *dateihandle* angegeben wird.

select *rbits*, *wbits*, *nbits*, *timeout*

Führt einen *select*(2)-Systemaufruf mit den entsprechenden Parametern aus.

sprintf *format, liste*
: Liefert einen String zurück, der aus der Formatierung einer (möglicherweise leeren) Liste von Werten entsteht. Eine vollständige Liste der Formatumwandlungen finden Sie im Abschnitt »Formatierte Ausgabe«.
: Eine Alternative zur formatierten Ausgabe wird im Abschnitt »Formate« beschrieben.

sysopen *dateihandle, pfad, modus* [, *rechte*]
: Führt einen *open*(2)-Systemaufruf aus. Die möglichen Werte und Flag-Bits für *modus* sind systemabhängig und stehen über das Standardmodul **Fcntl** zur Verfügung.

sysread *dateihandle, $var, länge* [, *offset*]
: Liest *länge* Bytes an *offset* in *$var* ein. Gibt die Anzahl der tatsächlich gelesenen Bytes zurück bzw. 0 bei eof und undef bei einem Fehler.

sysseek *dateihandle, position, bezugspunkt*
: Positionierung an einer beliebigen Stelle innerhalb der Datei. Zum Einsatz mit sysread und syswrite gedacht. Details zu den nicht standardisierten Rückgabewerten dieser Funktion finden Sie in der Perl-Dokumentation.

syswrite *dateihandle, skalar, länge* [, *offset*]
: Schreibt *länge* Bytes aus *skalar* ab *offset*.

tell [*dateihandle*]
: Gibt die aktuelle Position innerhalb der Datei zurück. Fehlt *dateihandle*, wird von der zuletzt gelesenen Datei ausgegangen.

Formatierte Ausgabe

printf und sprintf formatieren eine Liste von Werten entsprechend einem Formatstring, der die folgenden Umwandlungen erlaubt:

%%	Ein Prozentzeichen.
%c	Das dem Wert entsprechende Zeichen.
%d	Eine Integerzahl mit Vorzeichen.
%e	Eine Fließkommazahl (wissenschaftliche Notation).
%f	Eine Fließkommazahl (in fester Dezimal-Notation).

%g Eine Fließkommazahl (in **%e**- oder **%f**-Notation).

%i Ein Synonym für **%d**.

%n Die Anzahl der bislang formatierten Zeichen wird in der entsprechenden Variable der Parameterliste *gespeichert*.

%o Ein oktaler Integerwert ohne Vorzeichen.

%p Ein Zeiger (Adresse hexadezimal).

%s Ein String.

%u Ein dezimaler Integerwert ohne Vorzeichen.

%x Ein hexadezimaler Integerwert ohne Vorzeichen.

%D Ein veraltetes Synonym für **%ld**.

%E Wie **%e**, aber mit einem großen E.

%F Ein veraltetes Synonym für **%f**.

%G Wie **%g**, verwendet aber ein großes E (wenn zutreffend).

%O Ein veraltetes Synonym für **%lo**.

%U Ein veraltetes Synonym für **%lu**.

%X Wie **%x**, aber mit Großbuchstaben.

Die folgenden Flags können zwischen dem % und dem Umwandlungsbuchstaben stehen:

leerzeichen
Einer positiven Zahl wird ein Leerzeichen vorangestellt.

\+ Einer positiven Zahl wird ein Pluszeichen vorangestellt.

\- Linksbündige Ausrichtung innerhalb des Feldes.

0 Bei rechtsbündiger Ausrichtung werden Nullen anstelle von Leerzeichen verwendet.

Einer Oktalzahl ungleich Null wird »0« vorangestellt und einer Hexadezimalzahl ungleich Null »0x«.

zahl Minimale Feldbreite.

.zahl Bei einer Fließkommazahl: die Anzahl der Ziffern hinter dem Dezimalpunkt.
Bei einem String: die maximale Länge.
Bei einer Integerzahl: die minimale Breite.

l Interpretiert den Integerwert entsprechend dem C-Typ als »long« oder »unsigned long«.

h Interpretiert den Integerwert entsprechend dem C-Typ als »short« oder »unsigned short«.

V Interpretiert den Integerwert entsprechend dem Perl-Typ.

Ein Sternchen (*) kann anstelle einer Zahl verwendet werden. Der Wert des nächsten Elements der Liste wird dann verwendet.

Im Abschnitt »Formate« finden Sie eine Alternative zur formatierten Ausgabe.

Formate

formline *picture*, *liste*

Formatiert *liste* entsprechend dem *picture* und akkumuliert das Ergebnis in **$^A**.

write [*dateihandle*]

Schreibt ein formatiertes Record in die angegebene Datei und verwendet dabei das mit dieser Datei verknüpfte Format.
Läßt man *dateihandle* weg, wird das momentan aktive Dateihandle verwendet.

Formate sind wie folgt definiert:

format [*name*] =
formatliste
.

formatliste ist eine Reihe von Zeilen, von denen jede entweder eine Kommentarzeile (# in der ersten Spalte), eine Picture-Zeile oder eine Argumentzeile ist.

Eine Picture-Zeile enthält die Argumente, die den Feldern dieser Zeilen ein bestimmtes Aussehen geben. Anderer Text wird unverändert ausgegeben.

Argumentzeilen enthalten Listen mit Werten, die im Format und der Reihenfolge der vorstehenden Picture-Zeile ausgegeben werden.

name wird standardmäßig mit **STDOUT** angenommen, wenn kein Wert angegeben wird.

Picture-Felder sind:

@<<<...	Linksbündiges Feld. Die wiederholte Angabe von < legt die gewünschte Breite fest.
@>>>...	Rechtsbündiges Feld.
@|||...	Zentriertes Feld.
@#.##...	Numerisches Format mit vorgegebenem Dezimalpunkt.
@*	Mehrzeiliges (Multiline-)Feld.

Verwenden Sie ^ anstelle von @ zum Füllen mehrzeiliger Blöcke.

Verwenden Sie ~ in der Picture-Zeile, um unerwünschte Leerzeilen zu unterdrücken.

Verwenden Sie ~~ in der Picture-Zeile, um diese Formatzeile wiederholt anzuwenden, bis alle Felder aufgebraucht sind.

Setzen Sie **$-** auf null, um beim nächsten write einen Seitenumbruch zu erzwingen.

Siehe auch **$^**, **$~**, **$^A**, **$^F**, **$-** und **$=** im Abschnitt »Spezialvariablen«.

Bindung von Variablen (tie)

tie *var*, *klassenname*, [*liste*]
: Bindet eine Variable an eine Paketklasse, die sie behandelt. *liste* wird an den Klassenkonstruktor übergeben.

tied *var*
: Gibt eine Referenz auf das *var* zugrundeliegende Objekt zurück bzw. undef, wenn *var* nicht an eine Paketklasse gebunden ist.

untie *var*
: Hebt die Bindung zwischen Variable und Paketklasse auf.

Eine Klasse, die einen gebundenen Skalar implementiert, sollte die Methoden **TIESCALAR**, **FETCH**, **STORE** und vielleicht auch **DESTROY** definieren.

Eine Klasse, die ein gebundenes normales Array implementiert, sollte die Methoden **TIEARRAY**, **FETCH**, **STORE**, **FETCHSIZE**, **STORESIZE** und vielleicht **DESTROY** definieren.

Eine Klasse, die einen gebundenen Hash implementiert, sollte die Methoden **TIEHASH**, **FETCH**, **STORE**, **EXISTS**, **DELETE**, **CLEAR**, **FIRSTKEY**, **NEXTKEY** und optional **DESTROY** definieren.

Eine Klasse, die ein gebundenes Dateihandle implementiert, sollte die Methode **TIEHANDLE**, mindestens eine der Methoden **PRINT**, **PRINTF**, **WRITE**, **READLINE**, **GETC**, **READ** und vielleicht auch **CLOSE** und **DESTROY** implementieren.

Verschiedene Basisklassen zur Implementierung gebundener Variablen sind in der Standardmodule-Bibliothek verfügbar.

Routinen zum Lesen von Verzeichnissen

closedir *dirhandle*

Schließt ein mit opendir geöffnetes Verzeichnis.

opendir *dirhandle*, *dirname*

Öffnet ein Verzeichnis im angegebenen Handle.

readdir *dirhandle*

Im Skalarkontext wird der nächste Eintrag aus dem Verzeichnis zurückgegeben. Ist kein weiterer Eintrag vorhanden, wird undef zurückgegeben.

Im Listenkontext wird eine Liste aller noch im Verzeichnis vorhandenen Einträge zurückgegeben.

rewinddir *dirhandle*

Positionierung an den Anfang des Verzeichnisses.

seekdir *dirhandle*, *position*

Legt die Position für readdir im Verzeichnis fest. *position* muß ein Dateioffset sein, wie er von telldir zurückgegeben wird.

telldir *dirhandle*

Gibt die Position im Verzeichnis zurück.

Interaktion mit dem System

alarm *ausdruck*

Löst einen **SIGALRM** nach *ausdruck* Sekunden aus. Hat *ausdruck* den Wert 0, wird ein noch offenes Timer-Ereignis aufgehoben.

chdir [*ausdruck*]

Wechselt das Arbeitsverzeichnis. Verwendet **$ENV{HOME}** oder **$ENV{LOGNAME}**, wenn *ausdruck* weggelassen wird.

chroot *dateiname*†

Ändert das Wurzel-(Root-)Verzeichnis für den Prozeß und seine Child-Prozesse.

die [*liste*]

Gibt den Wert der *liste* über **STDERR** aus und bricht mit dem aktuellen Wert von **$!** (errno) ab. Hat **$!** den Wert 0, wird mit dem Wert **($? >> 8)** abgebrochen.
Hat **($? >> 8)** den Wert 0, wird mit dem Wert 255 abgebrochen. *liste* ist mit **"Died"** voreingestellt. Innerhalb eines eval wird die Fehlermeldung in **$@** abgelegt, der eval wird abgebrochen und gibt undef zurück.

exec [*programm*] *liste*

Führt den Systembefehl in *liste* aus und kehrt nicht zurück. *programm* kann verwendet werden, um ein Programm zur Ausführung des Befehls zu bestimmen.

exit [*ausdruck*]

Bricht unmittelbar mit dem Wert von *ausdruck* (standardmäßig 0) ab. Ruft vor der Rückkehr noch **END**-Routinen und Objekt-Destruktoren auf.

fork

Führt den Systemaufruf *fork*(2) durch. Gibt die Prozeß-ID des Child-Prozesses an den Parent (bzw. undef bei einem Fehler) und den Wert 0 an den Child-Prozeß zurück.

getlogin

Gibt den aktuellen Loginnamen zurück. Wird falsch zurückgegeben, müssen Sie auf getpwuid zurückgreifen.

getpgrp [*pid*]
: Gibt die Prozeßgruppe für den Prozeß *pid* zurück (der Wert 0 bzw. eine fehlende Angabe steht für den aktuellen Prozeß).

getppid
: Gibt die Prozeß-ID des Parent-Prozesses zurück.

getpriority *was*, *wer*
: Gibt die aktuelle Priorität eines Prozesses, einer Prozeßgruppe oder eines Benutzers zurück. Verwenden Sie **getpriority 0,0** für den aktuellen Prozeß.

glob *muster*
: Gibt eine Liste aller Dateinamen zurück, die dem Shell-Muster *muster* entsprechen.

kill *liste*
: Sendet ein Signal an eine Liste von Prozessen. Das erste Element der Liste muß das zu sendende Signal (numerisch oder mit seinem Namen als String) enthalten. Negative Signale beenden Prozeßgruppen anstelle von Prozessen.

setpgrp *pid*, *pgrp*
: Legt die Prozeßgruppe für *pid* fest (0 steht für den aktuellen Prozeß).

setpriority *was*, *wer*, *priorität*
: Legt die aktuelle Priorität für einen Prozeß, eine Prozeßgruppe oder einen Benutzer fest.

sleep [*ausdruck*]
: Läßt das Programm für *ausdruck* Sekunden pausieren (»schlafen«). Ohne *ausdruck* pausiert es für immer. Gibt die Anzahl der Sekunden zurück, die das Programm tatsächlich pausiert hat.

syscall *liste*
: Führt den Systemaufruf aus, der als erstes Element der Liste angegeben wurde. Die restlichen Elemente der Liste werden als Argumente an den Aufruf übergeben. Gibt bei einem Fehler –1 zurück.

system [*programm*] *liste*
: Macht das gleiche wie exec *liste*, nur daß zuerst ein Child-Prozeß erzeugt (fork ausgeführt) wird und der

Parent-Prozeß darauf wartet, daß der Child-Prozeß zurückkehrt. Während des Wartens werden die Signale **SIGINT** und **SIGQUIT** an den Child-Prozeß weitergeleitet.

Gibt den Exit-Status des Child-Prozesses zurück. 0 steht für Erfolg, nicht für einen Fehler.

programm kann verwendet werden, um ein Programm zur Ausführung des Befehls zu bestimmen.

times
: Gibt eine Liste mit vier Elementen zurück (0:**$**user, 1:**$**system, 2:**$**cuser, 3:**$**csystem), die die Benutzer- und Systemzeit (in Sekunden) für diesen Prozeß sowie die Child-Prozesse dieses Prozesses enthält.

umask [*ausdruck*]
: Legt die umask für diesen Prozeß fest und gibt die alte zurück. Lassen Sie *ausdruck* weg, wird der aktuelle umask-Wert zurückgegeben.

wait
: Wartet auf die Beendigung eines Child-Prozesses und gibt die Prozeß-ID des (nunmehr nicht vorhandenen) Prozesses zurück (–1, falls nicht vorhanden). Der Status wird in **$?** zurückgegeben.

waitpid *pid, flags*
: Führt die gleiche Funktion aus wie der entsprechende Systemaufruf. Gibt 1 zurück, wenn der Prozeß *pid* nicht mehr läuft, und –1, wenn er nicht existiert.

warn [*liste*]
: Gibt *liste* genau wie die über **STDERR** aus, bricht aber nicht ab. *liste* ist mit "**Warning: something's wrong**" voreingestellt.

Networking

accept *neuersocket, generischersocket*
: Akzeptiert einen neuen Socket.

bind *socket, name*
: Bindet den *name*n an den *socket*.

connect *socket, name*
: Verbindet *name* mit dem *socket*.

getpeername *socket*

Gibt die Socket-Adresse am anderen Ende des *socket* zurück.

getsockname *socket*

Gibt den Namen des *socket* zurück.

getsockopt *socket, level, optname*

Gibt die Socket-Optionen zurück.

listen *socket, queuelänge*

Beginnt die Überwachung (»Listening«) auf dem angegebenen Socket und erlaubt *queuelänge* Verbindungen.

recv *socket, $var, länge, flags*

Empfängt eine Nachricht auf *socket* mit einer Länge von *länge* Bytes. Legt diese in der Skalarvariablen *$var* ab.

send *socket, nachricht, flags* [, *an*]

Sendet eine Nachricht an das *socket*. Die Option *an* muß verwendet werden, wenn an ein noch nicht verbundenes Socket gesendet werden soll, und ist dann ein sockaddr-Wert. send gibt die Anzahl der gesendeten Zeichen zurück bzw. undef im Fehlerfall.

setsockopt *socket, level, optname, optwert*

Setzt die gewünschte Socket-Option.

shutdown *socket, wie*

Fährt das *socket* herunter.

socket *socket, domain, typ, protokoll*

Erzeugt einen *socket* in *domain* vom angegebenen *typ* und *protokoll*.

socketpair *socket1, socket2, domain, typ, protokoll*

Arbeitet wie socket, erzeugt aber ein Paar bidirektionaler Sockets.

System V IPC

Abhängig von der Konfiguration Ihres Systems müssen bestimmte Systemdateien über require eingebunden werden, um auf die Nachrichten- und Semaphore-spezifischen Operationsnamen zugreifen zu können.

msgctl *id, befehl, argumente*
: Ruft *msgctl*(2) auf. Hat *befehl* den Wert **&IPC_STAT**, muß *argumente* eine Variable sein. Details zu den nicht standardisierten Rückgabewerten dieser Funktion finden Sie in der Perl-Dokumentation.

msgget *schlüssel, flags*
: Erzeugt eine Nachrichten-Queue für *schlüssel*. Gibt die ID der Nachrichten-Queue zurück.

msgrcv *id, $var, größe, typ, flags*
: Empfängt eine Nachricht aus der Queue *id* und legt sie in *$var* ab.

msgsnd *id, nachricht, flags*
: Sendet *nachricht* an die Queue *id*.

semctl *id, semnum, befehl, argument*
: Ruft *semctl*(2) auf. Hat *befehl* den Wert **&IPC_STAT** oder **&GETALL**, dann muß *argument* eine Variable sein.

semget *schlüssel, nsems, größe, flags*
: Erzeugt einen Satz Semaphoren für *schlüssel*. Gibt die ID der Nachrichten-Semaphore zurück.

semop *schlüssel, ...*
: Führt Semaphore-Operationen aus.

shmctl *id, befehl, argument*
: Ruft *shmctl*(2) auf. Hat *befehl* den Wert **&IPC_STAT**, muß *argument* eine Skalarvariable sein.

shmget *schlüssel, größe, flags*
: Erzeugt einen Shared-Memory-Bereich (Bereich gemeinsam genutzten Speichers). Gibt die ID des Shared-Memory-Segments zurück.

shmread *id, $var, position, größe*
: Liest bis zu *größe* Bytes aus dem Shared-Memory-Segment *id*, beginnend an Offset *position*, in die Variable *$var* ein.

shmwrite *id, string, position, größe*
: Schreibt bis zu *größe* Bytes aus *string* in das Shared-Memory-Segment *id* an Offset *position*.

Vermischtes

defined *ausdruck*

Prüft, ob *ausdruck* einen Wert besitzt.

do *dateiname*

Führt *dateiname* als Perl-Skript aus. Siehe auch require im Abschnitt »Subroutinen, Pakete und Module«.

dump [*label*]

Sofortiger Coredump. Nach dem Wiederanlaufen wird bei *label* begonnen. Veraltet.

eval { *ausdruck*; ... }

Führt den Code zwischen { und } aus. Fängt Laufzeitfehler ab und gibt sie, wie bei eval(*ausdruck*) beschrieben (im Abschnitt »Stringfunktionen«), zurück.

local *variable*

Weist der genannten Paketvariablen einen temporären Wert zu. Dieser ist gültig, bis der umschließende Block, die Datei oder eval endet.

my *variable*

Erzeugt einen Geltungsbereich für eine Variable, die lexikalisch gesehen lokal im umschließenden Block, der Datei oder eval liegt.

ref *ausdruck*†

Gibt wahr zurück, wenn *ausdruck* eine Referenz ist. Gibt den Paketnamen zurück, wenn *ausdruck* über bless in einem Paket bekanntgemacht wurde.

reset [*ausdruck*]

ausdruck ist ein String aus einzelnen Buchstaben. Alle Variablen, die mit einem dieser Buchstaben beginnen, werden in ihren Ursprungszustand zurückgesetzt.

Fehlt *ausdruck*, werden ??-Suchoperationen so zurückgesetzt, daß sie wieder funktionieren.

Wirkt sich nur auf das aktuelle Paket aus.

undef *lvalue*†

Entfernt *lvalue*. Gibt immer den undefinierten Wert zurück.

Informationen aus Systemdatenbanken

Informationen über Benutzer

Im Listenkontext gibt jede dieser Routinen eine Liste mit zehn Elementen zurück: (0:**$**name, 1:**$**passwd, 2:**$**uid, 3:**$**gid, 4:**$**quota, 5:**$**comment, 6:**$**gcos, 7:**$**dir, 8:**$**shell, 9:**$**expire).

Verwenden Sie das Standardmodul **User::pwent**, um auf einfache Weise auf diese Informationen zugreifen zu können.

endpwent
: Beendet die Lookup-Verarbeitung.

getpwent
: Liefert die nächsten Benutzerinformationen. Im Skalarkontext wird der Benutzername zurückgegeben.

getpwnam *name*
: Gibt Informationen basierend auf dem Namen zurück. Im Skalarkontext wird die Benutzer-ID zurückgegeben.

getpwuid *uid*
: Gibt Informationen basierend auf der Benutzer-ID zurück. Im Skalarkontext wird der Benutzername zurückgegeben.

setpwent
: Setzt die Lookup-Verarbeitung zurück.

Informationen über Gruppen

Im Listenkontext gibt jede dieser Routinen eine Liste mit vier Elementen zurück: (0:**$**name, 1:**$**passwd, 2:**$**gid, 3:**$**members).

$members enthält eine Liste der durch Leerzeichen getrennten Loginnamen aller Mitglieder der Gruppe.

Verwenden Sie das Standardmodul **User::grent**, um auf einfache Weise auf diese Informationen zugreifen zu können.

endgrent
: Beendet die Lookup-Verarbeitung.

getgrent
: Liefert die nächsten Gruppeninformationen. Im Skalarkontext wird der Gruppenname zurückgegeben.

getgrgid *gid*
: Gibt Informationen basierend auf der Gruppen-ID zurück. Im Skalarkontext wird der Gruppenname zurückgegeben.

getgrnam *name*
: Gibt Informationen basierend auf dem Namen zurück. Im Skalarkontext wird die Gruppen-ID zurückgegeben.

setgrent
: Setzt die Lookup-Verarbeitung zurück.

Informationen über Netzwerke

Im Listenkontext gibt jede dieser Routinen eine aus vier Elementen bestehende Liste zurück: (0:$name, 1:$aliases, 2:$addrtype, 3:$net).

Verwenden Sie das Standardmodul **Net::netent**, um auf einfache Weise auf diese Informationen zugreifen zu können.

endnetent
: Beendet die Lookup-Verarbeitung.

getnetbyaddr *adresse, typ*
: Gibt Informationen basierend auf Adresse und Typ zurück. Im Skalarkontext wird der Netzwerkname zurückgegeben.

getnetbyname *name*
: Gibt Informationen basierend auf dem Netzwerknamen zurück. Im Skalarkontext wird die Netzwerknummer zurückgegeben.

getnetent
: Liefert die nächsten Netzwerkinformationen. Im Skalarkontext wird der Netzwerkname zurückgegeben.

setnetent *bleiboffen*
: Setzt die Lookup-Verarbeitung zurück.

Informationen über Netzwerk-Hosts

Im Listenkontext gibt jede dieser Routinen eine Liste mit mindestens fünf Elementen zurück: (0:$name, 1:$aliases, 2:$addrtype, 3:$length, 4:$addr [, weitere Adressen]).

Verwenden Sie das Standardmodul **Net::hostent**, um auf einfache Weise auf diese Informationen zugreifen zu können.

endhostent
: Beendet die Lookup-Verarbeitung.

gethostbyaddr *adresse, adresstyp*
: Gibt Informationen basierend auf der IP-Adresse zurück. Im Skalarkontext wird der Hostname zurückgegeben.

gethostbyname *name*
: Gibt Informationen basierend auf dem Hostnamen zurück. Im Skalarkontext wird die Hostadresse zurückgegeben.

gethostent
: Liefert die nächsten Hostinformationen. Im Skalarkontext wird der Hostname zurückgegeben.

sethostent *bleiboffen*
: Setzt die Lookup-Verarbeitung zurück.

Informationen über Netzwerkdienste

Im Listenkontext gibt jede dieser Routinen eine Liste mit vier Elementen zurück: (0:$name, 1:$aliases, 2:$port, 3:$proto).

Verwenden Sie das Standardmodul **Net::servent**, um auf einfache Weise auf diese Informationen zugreifen zu können.

endservent
: Beendet die Lookup-Verarbeitung.

getservbyname *name, proto*
: Gibt Informationen basierend auf dem Dienstenamen zurück. Im Skalarkontext wird die Portnummer zurückgegeben.

getservbyport *port, proto*
: Gibt Informationen basierend auf dem Port zurück. Im Skalarkontext wird der Dienstename zurückgegeben.

getservent
: Liefert die nächsten Dienste-Informationen. Im Skalarkontext wird der Dienstename zurückgegeben.

setservent *bleiboffen*
: Setzt die Lookup-Verarbeitung zurück.

Informationen über Netzwerkprotokolle

Im Listenkontext gibt jede dieser Routinen eine Liste mit drei Elementen zurück: (0:$name, 1:$aliases, 2:$proto).

Verwenden Sie das Standardmodul **Net::protoent**, um auf einfache Weise auf diese Informationen zugreifen zu können.

endprotoent
: Beendet die Lookup-Verarbeitung.

getprotobyname *name*
: Gibt Informationen basierend auf dem Protokollnamen zurück. Im Skalarkontext wird die Protokollnummer zurückgegeben.

getprotobynumber *nummer*
: Gibt Informationen basierend auf der Protokollnummer zurück. Im Skalarkontext wird der Protokollname zurückgegeben.

getprotoent
: Liefert die nächsten Protokollinformationen. Im Skalarkontext wird der Protokollname zurückgegeben.

setprotoent *bleiboffen*
: Setzt die Lookup-Verarbeitung zurück.

Spezialvariablen

Die alternativen Namen werden vom Standardmodul **English** zur Verfügung gestellt.

Die folgenden Variablen sind global und sollten in Subroutinen lokalisiert werden:

$_
: Alternativ: $ARG.
Der standardmäßige Eingabe-, Ausgabe- und Mustererkennungsraum.

$.
: Alternativ: $INPUT_LINE_NUMBER, $NR.
Die Nummer der aktuellen Eingabezeile aus dem zuletzt gelesenen Dateihandle.

$/
Alternativ: $INPUT_RECORD_SEPARATOR, $RS.
Das Trennzeichen für Eingabe-Records. Per Default Newline. Darf auch aus mehreren Zeichen bestehen.

$,
Alternativ: $OUTPUT_FIELD_SEPARATOR, $OFS.
Das Trennzeichen für Ausgabefelder für die print-Funktion.

$"
Alternativ: $LIST_SEPARATOR.
Das Trennzeichen, das für die Einbindung von in Strings interpolierten Arrayelementen verwendet wird.

$
Alternativ: $OUTPUT_RECORD_SEPARATOR, $ORS.
Das Trennzeichen für Ausgabe-Records für die print-Funktion.

$#
Das Ausgabeformat für Zahlen. Veraltet. Verwenden Sie statt dessen printf.

$*
Setzen Sie diesen Wert auf 1, um das Multiline-Matching in Strings zu aktivieren. Veraltet, beachten Sie hierzu die Modifikatoren m und s im Abschnitt »Such- und Ersetzungsfunktionen«.

$?
Alternativ: $CHILD_ERROR.
Status des zuletzt ausgeführten `...`-Befehls bzw. der letzten Pipe-, close-, wait-, waitpid- oder system-Funktion.

$]
Alternativ: $PERL_VERSION.
Die Perl-Versionsnummer, z.B. 5.005.

$[
Der Index des ersten Elements in einem Array oder einer Liste und des ersten Zeichens in einem Substring. Voreingestellt ist 0. Veraltet, nicht mehr verwenden.

$;
Alternativ: $SUBSCRIPT_SEPARATOR, $SUBSEP.
Das Index-Trennsymbol für die Emulation mehrdimensionaler Listen. Voreingestellt ist \034.

$!
Alternativ: $OS_ERROR, $ERRNO.
In einem numerischen Kontext wird der aktuelle Wert von **errno** zurückgegeben. In einem Stringkontext wird der entsprechende Fehlerstring zurückgeliefert.

$@
Alternativ: $EVAL_ERROR.
Die Perl-Fehlermeldung des letzten eval- oder do *expr*-Befehls.

$: Alternativ: $FORMAT_LINE_BREAK_CHARACTERS.
Die Gruppe von Zeichen, an denen ein String umbrochen werden kann, um in einem Format Fortsetzungszeilen (beginnend mit ^) aufzufüllen.

$0 Alternativ: $PROGRAM_NAME.
Der Name der Datei, die das ausgeführte Perl-Skript enthält. Eine Zuweisung ist möglich.

$$ Alternativ: $PROCESS_ID, $PID.
Die Prozeß-ID des Perl-Interpreters, der das Skript ausführt. Wird (im Child-Prozeß) durch fork geändert.

$< Alternativ: $REAL_USER_ID, $UID.
Die reale UID dieses Prozesses.

$> Alternativ: $EFFECTIVE_USER_ID, $EUID.
Die effektive UID dieses Prozesses.

$(Alternativ: $REAL_GROUP_ID, $GID.
Die reale GID oder eine Liste von durch Leerzeichen getrennten GIDs dieses Prozesses.

$) Alternativ: $EFFECTIVE_GROUP_ID, $EGID.
Die effektive GID oder eine Liste von durch Leerzeichen getrennten GIDs dieses Prozesses.

$^A Alternativ: $ACCUMULATOR.
Der Akkumulator für formline- und write-Operationen.

$^D Alternativ: $DEBUGGING.
Die Debug-Flags, die mit **-D** an Perl übergeben wurden.

$^E Alternativ: $EXTENDED_OS_ERROR.
Betriebssystemabhängige Fehlerinformationen.

$^F Alternativ: $SYSTEM_FD_MAX.
Der höchste Systemdateideskriptor, normalerweise 2.

$^H Der aktuelle Zustand von Syntaxprüfungen.

$^I Alternativ: $INPLACE_EDIT.
Inplace-Edit-Erweiterung, wie mit **-i** an Perl übergeben.

$^L Alternativ: $FORMAT_FORMFEED. In Formaten verwendetes Seitenvorschubzeichen.

$^M Notfall-Speicherbereich (auf den auch bei »Out of Memory« noch zurückgegriffen werden kann).

$^O Alternativ: $OSNAME. Betriebssystemname

$^P Alternativ: $PERLDB. Internes Debugging-Flag.

$^S Aktueller Zustand des Perl-Interpreters.

$^T Alternativ: $BASETIME.
Der Zeitpunkt, zu dem das Programm gestartet wurde (wie er von time geliefert wird). Dieser Wert wird von den Dateitestoperatoren **-M**, **-A** und **-C** verwendet.

$^W Alternativ: $WARNING.
Der Wert der an Perl übergebenen **-w**-Option.

$^X Alternativ: $EXECUTABLE_NAME. Der Name, unter dem dieser Perl-Interpreter aufgerufen wurde.

Die folgenden Variablen sind kontextabhängig und müssen nicht lokalisiert werden:

$% Alternativ: $FORMAT_PAGE_NUMBER.
Die aktuelle Seitennummer des momentan gewählten Ausgabekanals.

$= Alternativ: $FORMAT_LINES_PER_PAGE.
Die Seitenlänge des aktuellen Ausgabekanals.
Voreingestellt sind 60 Zeilen.

$- Alternativ: $FORMAT_LINES_LEFT.
Die Zahl der auf der Seite noch verbliebenen Zeilen.

$~ Alternativ: $FORMAT_NAME.
Der Name des aktuellen Reportformats.

$^ Alternativ: $FORMAT_TOP_NAME.
Der Name des aktuellen Formats der Kopfzeile(n) (top-of-page).

$| Alternativ: $OUTPUT_AUTOFLUSH.
Bei einem Wert ungleich Null wird nach jedem write oder print auf den aktuellen Ausgabekanal die sofortige Leerung des Ausgabepuffers erzwungen (Flush). Voreingestellt ist 0.

$ARGV Der Name der aktuellen Datei, wenn über <> gelesen wird.

Die folgenden Variablen sind immer lokal zum aktuellen Block:

$& Alternativ: $MATCH.
Der von der letzten Mustererkennung erfolgreich erkannte String.

$` Alternativ: $PREMATCH.
Der bei der letzten erfolgreichen Mustererkennung vor dem Treffer stehende String.

$' Alternativ: $POSTMATCH.
Der bei der letzten erfolgreichen Mustererkennung hinter dem Treffer stehende String.

$+ Alternativ: $LAST_PAREN_MATCH.
Die letzte vom letzten Suchmuster erkannte Klammer.

$1...$9...
Enthalten die Submuster der entsprechenden Klammerpaare des zuletzt erkannten Musters. **$10** und höher sind nur verfügbar, wenn der Treffer entsprechend viele Submuster enthält.

Spezialarrays

Die alternativen Namen werden vom Standardmodul **English** zur Verfügung gestellt.

@ARGV Enthält die Kommandozeilen-Argumente für das Skript (aber ohne den Befehlsnamen, der in **$0** steht).

@EXPORT
Benennt die Methoden und andere Symbole, die ein Paket standardmäßig exportiert.

@EXPORT_OK
Benennt die Methoden und andere Symbole, die ein Paket auf explizite Anforderung exportieren kann.

@F Wird die Kommandozeilen-Option **-a** verwendet, sind hier die zerlegten Eingabezeilen zu finden.

@INC Enthält eine Liste der Orte, an denen nach Perl-Skripten gesucht wird, die von den Befehlen do *dateiname*, use und require ausgeführt werden sollen. Modifizieren Sie die Werte nicht direkt, verwenden Sie statt dessen das Pragma **use lib** oder die Kommandozeilen-Option **-I**.

@ISA Liste der Basisklassen des aktuellen Pakets.

@_ Alternativ: @ARG. Parameterarray für Subroutinen. Wird auch von split verwendet, wenn kein Listenkontext vorliegt.

Spezialhashes

%ENV Enthält die aktuelle Umgebung. Der Schlüssel ist der Name einer Umgebungsvariable, der Wert ihr aktueller Inhalt.

%EXPORT_TAGS
Definiert Namen für Gruppen von Symbolen.

%INC Liste der Dateien, die mit use, require oder do eingebunden wurden. Der Schlüssel ist der angegebene Dateiname, der Wert ist der Pfad der Datei.

%SIG Wird zur Einrichtung von Signalhandlern für verschiedene Signale verwendet. Der Schlüssel ist der Name des Signals (ohne das Präfix **SIG**); der Wert ist eine Subroutine, die ausgeführt wird, wenn das Signal auftritt.

__WARN__ und **__DIE__** sind Pseudosignale, mit denen Handler für Perl-Warnungen und -Ausnahmen festgelegt werden können.

Standardmodule

AnyDBM_File
Stellt einen Rahmen für unterschiedliche dbm-Dateien zur Verfügung.

AutoLoader
Lädt Funktionen nur auf Anforderung.

AutoSplit
Zerlegt ein Paket für das Autoloading.

B Ein experimentelles Paket, das die Bytekompilierung, einen Perl-nach-C-Übersetzer und andere interessante Dinge implementiert.

Benchmark
Bestimmt (prüft und vergleicht) Code-Laufzeiten.

Bundle::CPAN
Ein Bundle, mit dem Sie mit allen anderen Modulen im CPAN spielen können.

Carp Warnt vor Fehlern.

CGI Einfache CGI-Klasse (Common Gateway Interface).

CGI::Apache
CGI-Zusatz zu Apaches Perl-API.

CGI::Cookie
Schnittstelle zu Netscape-Cookies.

CGI:Fast
CGI-Schnittstelle für FastCGI.

CGI:Push
Einfache Schnittstelle für Server-Pushes.

Class::Struct
Deklariert struct-artige Datentypen als Perl-Klassen.

Config Greift auf die Perl-Konfigurationsinformationen zu.

CPAN Einsatz von Perl-Modulen von CPAN-Sites.

Cwd Ermittelt den Pfadnamen des aktuellen Arbeitsverzeichnisses.

Data::Dumper
Gibt Perl-Datenstrukturen als Strings zurück.

DB_File Zugriff auf Berkeley-DB-Dateien.

Devel::SelfStubber
Generiert Stubs für ein SelfLoading-Modul.

Dirhandle
Stellt Objektmethoden für Verzeichnis-Handles bereit.

DynaLoader
Lädt dynamisch C-Bibliotheken in den Perl-Code.

English Nutzt nette englische Namen für unverständliche Spezialvariablen.

Env Importiert Umgebungsvariablen.

Exporter
Implementiert eine Standardimportmethode für Module.

ExtUtils::**Command**
Ersatzversionen gängiger Unix-Befehle (für Makefiles).

ExtUtils::**Embed**
Utilities zur Einbettung von Perl in C/C++-Anwendungen.

ExtUtils::**Install**
Installiert Dateien von hier nach da.

ExtUtils::**Installed**
Inventarverwaltung für installierte Module.

ExtUtils::**Liblist**
Ermittelt die zu verwendenden Bibliotheken und stellt fest, wie sie zu verwenden sind.

ExtUtils::**MakeMaker**
Erzeugt ein Erweiterungs-Makefile.

ExtUtils::**Manifest**
Utilities zur Generierung und Prüfung von MANIFEST-Dateien.

ExtUtils::**Miniperl**
Schreibt den C-Code für **perlmain**.c.

ExtUtils::**Mkbootstrap**
Erzeugt eine Bootstrap-Datei zur Verwendung durch den DynaLoader.

ExtUtils::**Mksymlists**
Schreibt Linker-Optionsdateien für dynamische Erweiterungen.

ExtUtils::**MM_OS2**
Methoden, die das Unix-Verhalten in ExtUtils::MakeMaker überschreiben.

ExtUtils::**MM_Unix**
Von ExtUtils::MakeMaker verwendete Methoden.

ExtUtils::**MM_VMS**
Methoden, die das Unix-Verhalten in ExtUtils::MakeMaker überschreiben.

ExtUtils::MM_Win32
Methoden, die das Unix-Verhalten in ExtUtils::MakeMaker überschreiben.

ExtUtils::Packlist
Verwaltet *.packlist*-Dateien.

ExtUtils::testlib
Nimmt **blib**-Verzeichnisse in @INC auf.

Fatal
Ersetzt Funktionen durch äquivalente, die entweder erfolgreich ausgeführt werden oder die aufrufen.

Fcntl
Lädt die C-Defines aus **fcntl.h**.

File::Basename
Analysiert Dateiangaben (Parsing).

File::CheckTree
Führt viele Dateitests über einen Baum durch.

File::Copy
Kopiert Dateien oder Dateihandles.

File::DosGlob
DOS-artiges Globbing (mit Erweiterungen).

File::Find
Durchsucht einen Dateibaum.

File::Path
Erzeugt oder entfernt eine Reihe von Verzeichnissen.

File::Spec
Führt portabel Operationen mit Dateinamen aus.

File::Spec::Mac
Methoden für MacOS-Dateiangaben.

File::Spec::OS2
Methoden für OS/2-Dateiangaben.

File::Spec::Unix
Von File::Spec für Unix verwendete Methoden.

File::Spec::VMS
Methoden für VMS-Dateiangaben.

File::Spec::Win32
Methoden für Win32-Dateiangaben.

File::stat
: Schnittstelle zu den in Perl integrierten stat-Funktionen.

FileCache
: Hält mehr Dateien offen, als das System erlaubt.

FileHandle
: Stellt Objektmethoden für Dateihandles zur Verfügung.

FindBin Ermittelt das Verzeichnis des ursprünglichen Perl-Skripts.

GDBM_File
: Zugriff auf die gdbm-Bibliothek.

Getopt::Long
: Bearbeitung von Kommandozeilen-Optionen. Deckt alle Bereiche ab.

Getopt::Std
: Verarbeitet aus einem Zeichen bestehende Switches. Unterstützt die Gruppierung von Switches.

I18N::Collate
: Vergleicht 8-Bit-Skalardaten entsprechend dem aktuellen Locale.

IO Lädt verschiedene I/O-Module.

IO::File Stellt Objektmethoden für Dateihandles bereit.

IO::Handle
: Stellt Objektmethoden für I/O-Handles bereit.

IO::Pipe Stellt Objektmethoden für Pipes bereit.

IO::Seekable
: Stellt suchbasierte Methoden für I/O-Objekte bereit.

IO::Select
: Objektschnittstelle zum Systemaufruf select.

IO::Socket
: Objektschnittstelle zur Socket-Kommunikation.

IPC::Msg
: Schnittstelle zum System V IPC.

IPC::Open2
: Öffnet eine Pipe zu einem Prozeß, mit der gelesen und geschrieben werden kann.

IPC::Open3
Öffnet eine Pipe zu einem Prozeß, mit der Lesen, Schreiben und eine Fehlerbehandlung möglich sind.

IPC::Semaphore
Schnittstelle zu System V-Semaphores.

IPC::SysV
System V IPC-Objektklasse.

Math::BigFloat
Paket für beliebig lange Fließkomma-Zahlen.

Math::BigInt
Paket für beliebig lange Integer-Zahlen.

Math::Complex
Komplexe Zahlen und entsprechende mathematische Funktionen.

NDBM_File
Über tie gebundener Zugriff auf ndbm-Dateien.

Net::hostent
Zugriff über den Namen auf gethostent und Konsorten.

Net::netent
Zugriff über den Namen auf getnetent und Konsorten.

Net::Ping
Überprüft, ob ein Host erreichbar ist.

Net::protoent
Zugriff über den Namen auf getprotoent und Konsorten.

Net::servent
Zugriff über den Namen auf getservent und Konsorten.

O Experimentelles Compiler-Backend.

Opcode Deaktiviert benannte Opcodes bei der Kompilierung von Perl-Code.

OS2::ExtAttr
Perl-Zugriff auf erweiterte Attribute. Nur bei OS/2.

OS2::PrfDB
Perl-Erweiterung zum Zugriff auf die Datenbank mit OS/2-Einstellungen. Nur bei OS/2.

OS2::Process
Konstanten für den system( )-Aufruf unter OS/2. Nur bei OS/2.

OS2::REXX
Zugriff auf DLLs mit REXX-Aufrufkonvention und REXX-Laufzeit. Nur bei OS/2.

Pod::Html
Modul zur Konvertierung von POD-Dateien nach HTML.

Pod::Text
Konvertiert POD-Daten in formatierten ASCII-Text.

POSIX Schnittstelle zum Standard IEEE 1003.1

Safe Kompilierung und Ausführung von Code in abgeschotteten Bereichen.

SDBM_File
Über tie gebundener Zugriff auf sdbm-Dateien.

Search::Dict
Sucht in einer Wörterbuch-(Dictionary-)Datei nach einem Schlüssel.

SelectSaver
Sichert ein gewähltes Dateihandle und stellt es wieder her.

SelfLoader
Lädt Funktionen nur bei Bedarf.

Shell Führt Shell-Befehle transparent innerhalb von Perl aus.

Socket Lädt die C-Defines und Strukturmanipulatoren aus **socket.h**.

Symbol Manipuliert Perl-Symbole und deren Namen.

Sys::Hostname
Geht jeden nur vorstellbaren Weg, um den Namen dieses Systems zu ermitteln.

Sys::Syslog
Schnittstelle zu den Unix-*syslog*(3)-Aufrufen.

Term::Cap
Perl-Schnittstelle zur Unix-*termcap*(3).

Term::Complete
Wortvervollständigungs-Modul.

Term::ReadLine
Schnittstelle zu verschiedenen readline-Paketen.

Test::Harness
Führt Perl Standardtestskripten mit Statistiken aus.

Text::Abbrev
Erzeugt eine Abkürzungstabelle aus einer Liste.

Text::ParseWords
Analysiert und zerlegt einen Text in eine Liste von Tokens.

Text::Soundex
Implementierung des von Donald Knuth beschriebenen Soundex-Algorithmus.

Text::Tabs
Umwandlung von Tabulatoren.

Text::Wrap
Zeilenumbrüche zur Bildung einfacher Absätze.

Thread Implementierung von Perl-Threads.

Thread::Queue
Implementierung Thread-sicherer Queues.

Thread::Semaphore
Implementierung Thread-sicherer Semaphoren.

Thread::Signal
Implementierung zuverlässiger Signale mit Threads.

Thread::Specific
Thread-spezifische Schlüssel.

Tie::Arrays
Basisklassen-Definitionen für über tie gebundene Arrays.

Tie::Handle
Basisklassen-Definitionen für über tie gebundene Dateihandles.

Tie::Hash
Basisklassen-Definitionen für über tie gebundene Hashes.

Tie::RefHash
Verwendung von Referenzen als Hashschlüssel.

Tie::Scalar
Basisklassen-Definitionen für über tie gebundene Skalare.

Tie::StdHash
Elementare Methoden für über tie gebundene Hashes.

Tie::StdScalar
Elementare Methoden für über tie gebundene Skalare.

Tie::SubstrHash
Hashing mit Tabellen und Schlüsseln fester Länge.

Time::Local
Effiziente Zeitberechnung aus lokaler und GMT-Zeit.

UNIVERSAL
Basisklasse für alle Klassen (mit bless bekanntgegebene Referenzen).

User::grent
Zugriff über den Namen auf getgrent und Konsorten.

User::pwent
Zugriff über den Namen auf getpwent und Konsorten.

VMS::DCLsym
Perl-Erweiterung zur Manipulation von DCL-Symbolen. Nur bei VMS.

VMS::Filespec
Konvertierung zwischen VMS- und Unix-Dateinamen. Nur bei VMS.

VMS::Stdio
Standard-I/O-Funktionen über VMS-Erweiterungen. Nur bei VMS.

VMS::XSSymSet
Gruppen von Symbolnamen, die dem VMS-Linker genehm sind.

Umgebungsvariablen

Perl verwendet die folgenden Umgebungsvariablen:

HOME
: Wird verwendet, wenn chdir kein Argument besitzt.

LOGDIR
: Wird verwendet, wenn chdir kein Argument besitzt und **HOME** nicht gesetzt ist.

PATH
: Wird zur Ausführung von Unterprozessen und, wenn -S genutzt wird, zum Auffinden von Perl-Skripten verwendet.

PERL5LIB
: Eine durch Doppelpunkte getrennte Liste von Verzeichnissen. In diesen Verzeichnissen wird nach Perl-Bibliotheksdateien gesucht, bevor in der Standardbibliothek und dem aktuellen Verzeichnis nachgesehen wird.

PERL5DB
: Der für den Debugger-Code notwendige Befehl. Standardmäßig **BEGIN { require 'perl5db.pl' }**.

PERLLIB
: Wird anstelle von **PERL5LIB** verwendet, wenn dieses nicht definiert ist.

Multithreading

Das Multithreading ist in dieser Perl-Version noch ein experimentelles Feature. Die Unterstützung von Multithreading müßte im Perl-Interpreter selbst integriert werden.

Das Multithreading verlangt das Standardmodul **Thread**. Dieses Modul implementiert die hier nachfolgend behandelten Methoden join, detach und yield:

$*thr* -> detach
: Entkoppelt einen Thread so, daß er unabhängig läuft.

[$*ergebnis* =] $*thr* -> join
: Wartet darauf, daß der Thread fertig wird. Der zurückgegebene Wert ist der Rückgabewert der Subroutine des Threads.

lock *variable*
: Sperrt (Lock) eine Ressource, um gleichzeitigen Zugriff zu vermeiden.

$*thr* = new **Thread** *sub* [*argumente*]
: Erzeugt einen neuen Thread, dessen Ausführung mit der referenzierten Subroutine beginnt. Die *argumente* werden an diese Subroutine übergeben.

: Der Rückgabewert dieser Subroutine wird von der join-Methode geliefert.

yield
: Übergibt die CPU explizit an einen anderen Thread.

Der Perl-Compiler

Der Perl-Compiler ist in dieser Perl-Version noch ein experimentelles Feature.

Um das Perl-Programm **foo.pl** mit dem C-Backend zu kompilieren, geben Sie folgendes ein:

perl -MO=C,-ofoo.c foo.pl

Zur Kompilierung von **foo.pl** mit dem CC-Backend:

perl -MO=CC,-ofoo.c foo.pl

Durchgehen des Opcode-Baums in Ausführungsreihenfolge mit Ausgabe kurzer Informationen zu jedem Opcode:

perl -MO=Terse,exec foo.pl

Durchgehen des Opcode-Baums in Syntaxanordnung mit Ausgabe ausführlicherer Debug-Informationen zu jedem Opcode:

perl -MO=Debug foo.pl

Sie können auch **,exec** anhängen, um in der Ausführungsreihenfolge durchzugehen.

Erzeugen eines Querverweis-Reports bei den Zeilennummern, an denen alle Variablen, Subroutinen und Formate definiert und verwendet werden:

perl -MO=Xref foo.pl

Der Perl-Debugger

Der symbolische Debugger von Perl wird mit **perl -d** aufgerufen.

a [*zeile*] *befehl*
: Legt eine Aktion für *zeile* fest.

A
: Entfernt alle Aktionen für Zeilen.

b [*zeile* [*bedingung*]
: Setzt Breakpunkte an *zeile*; standardmäßig die aktuelle Zeile.

b *sub* [*bedingung*]
: Setzt einen Breakpunkt an der benannten Subroutine.

b compile *subname*
: Hält an, nachdem die Subroutine kompiliert wurde.

b load *datei*
: Breakpunkt beim Anfordern der Datei über require.

b postpone *subname* [*bedingung*]
: Setzt einen Breakpunkt an der ersten Zeile der Subroutine nach der Kompilierung.

c [*zeile*]
: Fortsetzung (bis *zeile*, einem anderen Breakpunkt oder zum Ende).

d [*zeile*]
: Entfernt den Breakpunkt an der angegebenen *zeile*; standardmäßig die aktuelle Zeile.

D
: Entfernt alle Breakpunkte.

f *datei*
: Schaltet auf *datei* und beginnt, sie auszugeben.

h
: Gibt eine lange Hilfsmeldung aus.

h *befehl*
: Gibt eine Hilfe zu *befehl* aus.

h h
: Gibt eine knappe Hilfsmeldung aus.

H [*-anzahl*]
: Gibt die letzte *anzahl* Befehle aus.

l [*bereich*]
: Gibt einen Bereich von Zeilen aus. *bereich* kann eine Zahl, anfang-ende, start+anzahl oder ein Subroutinen-

name sein. Fehlt *bereich*, wird das nächste Fenster ausgegeben.

l *sub* Gibt die angegebene Subroutine aus.

L Gibt die Zeilen an, bei denen Breakpunkte oder Aktionen definiert sind.

m *klasse*
Gibt die Methoden aus, die über die angegebene *klasse* aufrufbar sind.

m *ausdruck*
Evaluiert den Ausdruck im Listenkontext und gibt die Methoden aus, die über das erste Element des Ergebnisses aufgerufen werden können.

n [*ausdruck*]
Einzelschritte beim Subroutinenaufruf.

O [*opt* [= *wert*]]
Setzt Werte von Debugger-Optionen bzw. fragt diese ab.

p *ausdruck*
Gibt *ausdruck* aus.

q Beenden. Sie können auch Ihr EOF-Zeichen verwenden.

r Rückkehr aus der aktuellen Subroutine.

R Neustart des Debuggers.

s [*ausdruck*]
Einzelschritt-Steuerung.

S [!] *muster*
Führt die Namen aller Subroutinen auf, die dem Muster [nicht] entsprechen.

t Wechsel des Trace-Modus.

t *ausdruck*
Trace durch die Ausführung von *ausdruck*.

T Ausgabe eines Stack-Trace.

V [*paket* [*muster*]
Gibt die Variablen aus, die dem *muster* in einem *paket* entsprechen. Voreingestellt ist das Paket **main**.

w [*zeile*]
Gibt ein Fenster um die angegebene Zeile aus.

W Entfernt alle Watch-Ausdrücke.

W *ausdruck*
Fügt einen globalen Watch-Ausdruck hinzu.

x *ausdruck*
Evaluiert *ausdruck* im Listenkontext und »dumpt« das Ergebnis.

X [*muster*]
Wie **V**, geht aber vom aktuellen Paket aus.

befehl Führt *befehl* als Perl-Anweisung aus.

. Kehrt zur ausgeführten Zeile zurück.

– Gibt das vorherige Fenster aus.

= [*alias wert*]
Setzt einen Alias oder gibt die aktuellen Aliase aus.

/*muster*/
Sucht vorwärts nach *muster*.

?*muster*?
Sucht rückwärts nach *muster*.

< *befehl*
Legt eine Aktion fest, die jedesmal ausgeführt werden soll, bevor der Debugger-Prompt ausgegeben wird.

<< *befehl*
Fügt einer Liste von Aktionen eine weitere hinzu. Diese Aktionen werden jedesmal ausgeführt, bevor der Debugger-Prompt erscheint.

> *befehl*
Legt eine Aktion fest, die nach jedem Debugger-Prompt ausgeführt wird.

>> *befehl*
Fügt einer Liste von Aktionen eine weitere hinzu. Diese werden nach jedem Debugger-Prompt ausgeführt.

{ *befehl*
Definiert einen Debugger-Befehl, der vor jedem Prompt ausgeführt wird.

{{ *befehl*
: Fügt einer Liste von Debugger-Befehlen einen weiteren hinzu. Diese werden vor jedem Prompt ausgeführt.

! [[-] *nummer*]
: Führt einen Befehl erneut aus. Voreingestellt ist der vorangegangene Befehl.

! [*muster*]
: Führt den letzten Befehl erneut aus, der mit *muster* beginnt.

!! [*befehl*]
: Führt *befehl* in einem Unterprozeß aus.

| *befehl*
: Führt den Debugger-Befehl *befehl* über den aktuellen Pager aus.

|| *befehl*
: Das gleiche; temporär wird mit select aber auch **DB::OUT** gewählt.

Eingabe-Taste
: Wiederholt letztes **s** oder **n**.

O'Reillys Taschenbibliothek

kurz & gut

sendmail

Bryan Costales & Eric Allman, 78 Seiten, 12,80 DM
ISBN 3-89721-202-1

Die Referenz enthält alle Befehle, Optionen, Makro-Definitionen u.va.m. des Mail-Transfer-Agenten sendmail (V 8.8) zum raschen Nachschlagen.

Perl 5

Johan Vromans, 44 Seiten, 12,80 DM
ISBN 3-930673-50-9

Sämtliche Variablen, Funktionen, Ein-/Ausgabeoperationen und Formate der häufig in der Unix- und Web-Programmierung eingesetzten Programmiersprache Perl 5.

Perl/Tk

Stephen O. Lidie, ca. 96 Seiten, 12,80 DM
ISBN 3-89721-200-5

Referenz zu Perl/Tk, die Variablen, die Optionen der verschiedenen Widgets, Befehle zum Manipulieren von Bildern, zu Fenstern, zum Window-Manager u.v.a.m. enthält.

Tcl/Tk

Paul Raines, 96 Seiten, 12,80 DM
ISBN 3-89721-210-2

Kompaktes Nachschlagewerk zu den Variablen von Tcl/Tk, den Optionen der verschiedenen Widgets u.v.a.m.

GNU-Tools zur Programmierung

Matthias Kalle Dalheimer, ca. 96 Seiten, 12,80 DM
ISBN 3-89721-209-9

Die Befehle, Optionen und Befehlszeilenkommandos der wichtigsten GNU-Tools: des Editors Emacs, des gcc-Compilers, von GNUmake und dem Revision Control System zum raschen Nachschlagen.

Smileys

96 Seiten, 9,90 DM, ISBN 3-930673-06-1

Über 650 verschiedene Smileys von David Sanderson und Dale Dougherty gesammelt und erklärt.

O'Reillys Taschenbibliothek

kurz & gut

Windows NT

Æleen Frisch, ca. 64 Seiten, 12,80 DM

ISBN 3-89721-206-4

Alphabetisch geordnete Zusammenfassung aller NT-Kommandos, außerdem der wichtigsten Befehle der NT-Skriptsprache sowie eine Aufstellung von Web-Ressourcen und Software-Archiven.

Windows NT- & UNIX-Integration

Eric Pearce, ca. 70 Seiten, 12,80 DM

ISBN 3-89721-207-2

Kurzeinführung in die Integration von Windows NT und Unix aus der UNIX-Perspektive - mit Informationen zu Fragen der Installation, Benutzer-Administration, Sicherheit, des Dateisystems, der Netzwerk-Integration, der Administration von Diensten und Daemons, E-Mail und Remote Access.

ANSI C++

Eduard Gode, ca. 48 Seiten, 12,80 DM

ISBN 3-89721-205-6

Referenz zur Syntax der objektorientierten Programmiersprache C++: zu Datentypen, Operatoren und Ausdrücken, Kontrollfluß-Elementen, Klassen und Namensräumen, Generischen Typen u.v.a.m - dem kürzlich verabschiedeten C++-Standard entsprechend.

LaTeX(2e)

Matthias Kalle Dalheimer, ca. 96 Seiten, 12,80 DM

ISBN 3-89721-204-8

Umfassendes Nachschlagewerk zu allen Befehlen, die für das Formatieren von Text, Tabellen, das Setzen von mathematischen Formeln oder das Erstellen komplexer Dokumente mit dem Textsatzsystem LaTeX benötigt werden.

JavaScript

David Flanagan, ca. 80 Seiten, 12,80 DM

ISBN 3-89721-208-0

Referenz aller Funktionen, Objekte, Methoden, Eigenschaften und Event-Handler der Skriptsprache JavaScript, die das einfache Erzeugen von dynamischen Webseiten ermöglicht.